畫中歷史

外國歷史畫解讀

陳仲丹　錢澄　著

畫中歷史

外國歷史畫解讀

三聯書店（香港）有限公司

責任編輯　楊　帆
裝幀設計　彭若東

書　　名	**畫中歷史**——外國歷史畫解讀	
著　　者	陳仲丹　錢澄	
出　　版	三聯書店（香港）有限公司	
	香港鰂魚涌英皇道 1065 號 1304 室	
	JOINT PUBLISHING (H.K.) CO., LTD.	
	Rm. 1304, 1065 King's Road, Quarry Bay, Hong Kong	
香港發行	香港聯合書刊物流有限公司	
	香港新界大埔汀麗路 36 號 3 字樓	
台灣發行	聯合出版有限公司	
	台北縣新店市中正路 542-3 號 4 樓	
印　　刷	中華商務彩色印刷有限公司	
	香港新界大埔汀麗路36號14字樓	
版　　次	2004年3月香港第一版第一次印刷	
	2007年9月香港第一版第二次印刷	
規　　格	大24開（180×180mm）224面	
國際書號	ISBN 978 · 962 · 04 · 2320 · 8	

© 2004 Joint Publishing (H.K.) Co., Ltd.
Published in Hong Kong

本書原由福建人民出版社以書名《畫中歷史》出版，
經由原出版者授權本公司在除中國大陸以外地區
出版發行本書。

目 錄

序論：歷史與繪畫

印第安人岩畫

這是北美印第安人塗繪的一幅有關歷史內容的岩畫。畫面中兩個部落的酋長在決鬥，結果一人被殺。

經過一年多斷斷續續的伏案寫作，總算完成了這本名為《畫中歷史》小書的說圖部分，可以來寫卷首的序論了。在掩卷之時說開卷的話，真如同倒啖甘蔗，甜意越發濃烈。

《畫中歷史》顧名思義是有關歷史畫的書。何謂歷史畫？歷史畫是表現歷史事件與場景的。以前國內尚未見到同樣內容的著作，謹讓我拋磚引玉，小叩換得大鳴，希望以後能有更詳實、更精彩的這類著作問世。說到"歷史畫"，筆者欲效舊日釋名正義的學者之顰，先釋"歷史"之名。依某些史學理論家的高論，歷史有兩重含義：一重意思歷史是過去的現實，是客觀存在的事實；另一重意思歷史是人們對過去發生的事的看法，是一門學問。而歷史畫是藝術家用圖像文本記錄過去發生的事，其中也蘊含了他們對所表現內容的看法。這裡的"歷史"似兼具上述兩層含義。

歷史，或說歷史學，表面看起來不能直接創造財富，好像不如其他一些學問實用，但正如王國維所說，它體現的是一種"無用之大用"。《聖經》語："太陽底下本無新鮮事。"器械可新，可以用電腦代替算盤；技藝可新，可以用Basic語言代替子曰詩云，但在歷史中體現出的治平之策、處世之道是不變的。這或許就是培根所說"讀史使人明智"的道理。即使不進而求治安策，而是退而求歸園居，讀史也是自性怡悅的好法子。這也就是我一寫再寫這類歷史讀物的初衷。翻開這本書，讀者會發現其中的歷史畫全是有關外國歷史的，與中國歷史基本無涉。這一則是因為本人修業範圍所限，另則是就歷史畫而言，外國的尤其是歐美國家的歷史畫確是數量多，質量優，

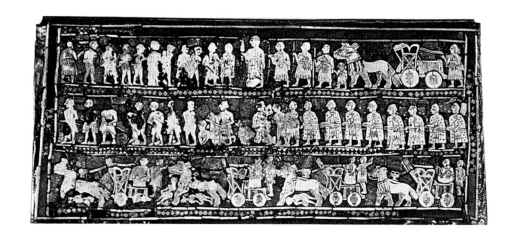

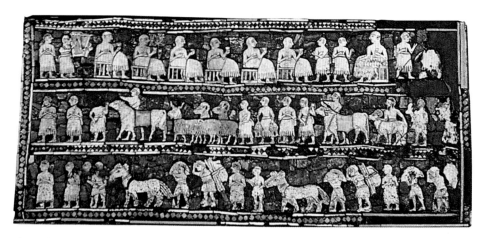

烏爾軍旗

古代兩河流域南部蘇美爾地區烏爾國王出征時用的門旗，也是慶功用的旗幟，用石片鑲嵌在以瀝青為底的木板上。分為兩部分，上圖為戰爭場景，下圖為慶功場面。又被稱為"戰爭與和平之旗"。這是較早有關歷史內容的藝術作品。

有必要先寫。或許以後筆者有機會再編一本有關中國歷史畫的小書。

一

略說完歷史，繼則來談表現歷史的圖像文本。表現歷史有多種文本，當然文字文本是其中最大的一類，另外還有口頭文本、實物文本、圖像文本等。本書則是偏重於圖像文本的。2001年12月，上海圖書館與《文匯讀書周報》聯合舉辦了一次名為"讀圖時代：圖書出版與閱讀趨勢"的研討會，我有幸參加，並在會上發言。在我的發言中對圖像文本的特點有所論及。在此抄錄一段：

圖像文本是一種十分古老的史料形式，與人類文明的存在如影隨行。原始人居住的洞穴中就有不少岩畫，被用來描繪生活，寄予期望和希冀。在人類進入文明社會後，也一直有很多記錄生活、傳導資訊的圖像留存。19世紀中期以後，攝影技術出現，照片取代了繪畫的作用，或可以說是為圖像文本增加了新的形式。圖像不用翻譯就可以通行於世界，在文化傳播中有其不可替代性。圖像的大量使用還有擴大受眾群體的功用。儘管從信息量方面來說，圖像有其不及文字文本之處，但要談及直觀性，圖像自有其優勢，常有"不立文字，直指人心"的震撼力。現在的"讀圖時代"是在生活節奏加快、媒體形式多樣化的前提下出現的，主要着眼於圖像文本的直觀性、廣泛性。可以說凡與人類文明有關的內容，除少數門類如哲學等圖像不便表現外，對其他門類圖像文本都能起到補充甚至深化文字文本的作用。

1808 年 5 月 2 日
這是西班牙畫家戈雅的作品，表現西班牙游擊隊正在襲擊拿破崙佔領軍的一支騎兵部隊。

正是本着這一認識，我從圖像文本中擷其一枝，選擇了歷史畫這一特定種類編成這本小書，以適應"讀圖時代"的需求。本書體例，正文中一圖一文，左圖右史。從一幅具體的畫作引起話題，交代歷史背景，敍述事件過程，兼及議論評說，有時還對其藝術上的特點作些點評，以求這一圖說的形式能較深入地再現人類文明的某個側面。畫作的挑選上筆者也頗費躊躇，一般不選那些為人所熟知的名畫，如法國畫家大衛畫的《馬拉之死》，盡可能多選尚不為人瞭解且在再現歷史場景上有代表性的畫作。筆者還有一個目的，就是希望藉此機會在國內多披露一些有價值的圖像文本，以為大家所用。有些畫作雖不是正面表現重大歷史事件，但卻是某段歷史的寫照，曲折地透射出當時的社會風尚，如印度近代有關薩蒂的風俗畫、納粹德國的獲獎畫作《礦工之家》，也酌予收錄。

三

说到國外的歷史畫，其源頭可以追溯到很早，及北非塔西里岩畫上的《行獵圖》、古羅馬龐貝廢墟中的鑲嵌畫《伊蘇會戰》、中古英國的織毯畫《諾曼征服英國》，但作為一個獨立的畫種，歷史畫始於17世紀的歐洲。西班牙畫家委拉斯開茲就畫了不少優秀的歷史畫，如《布列達的投降》、《驅逐摩爾人》等。他是一個服務於西班牙王室的宮廷畫家，免不了要畫些為統治者歌功頌德的畫作。到18世紀後期，美國出現了專門從事歷史畫創作的畫家，其中最著名的是約翰 • 特朗布林。他主要創作有關美國獨立戰爭的歷史畫，有些還是組畫，以再現獨立戰爭中的戰爭場面，寫實性很強。本書中選了他的兩幅畫作《崩克山之戰》和《獨立宣言》。

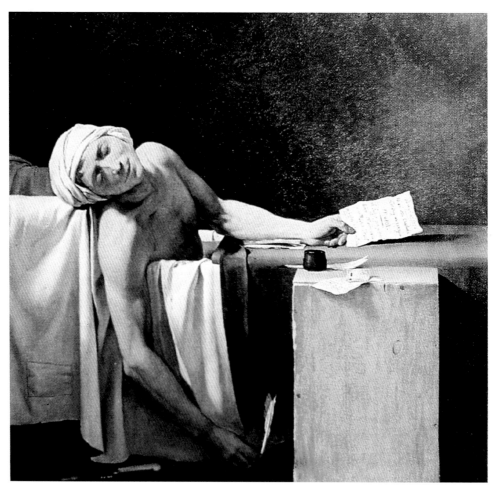

馬拉之死

這是大衛最著名的一幅歷史畫。

阿杜瓦戰役

阿杜瓦戰役是1898年埃塞俄比亞軍隊戰勝意大利侵略軍的關鍵一戰。這幅畫是埃塞俄比亞藝術家描繪的決戰場景。

　　在歷史畫創作中成就最高的是法國畫家雅克・大衛。在法國大革命前，他主要描繪古希臘羅馬的歷史；在法國大革命中，他以畫筆記錄當時的歷史。1793年，大衛創作了《馬拉之死》。後來大衛轉而為拿破侖作畫。1804年拿破侖加冕稱帝，大衛接受委託畫一幅反映這一典禮盛況的歷史畫。他前後畫了三年，完成了大幅油畫《拿破侖加冕》。畫面上約有100個可以辨認出來的人物，表情各異。這一畫作得到拿破侖本人的首肯，他讚歎道：＂這不是一幅畫，這是處處都有生命、活生生的一個史實。＂以後兩年多時間他畫了另一幅有關拿破侖的歷史畫《頒授鷹旗》。後來他又回過頭來畫了一些與古代歷史有關的畫作，如《斯巴達三百壯士》。有人評價大衛畫作的特點是：＂在歷史畫中表達現實，把現實帶入歷史畫中。＂在拿破侖的鼓勵下，當時法國有不少畫家熱衷於創作歷史畫，留傳至今有關拿破侖生平的歷史畫數量相當可觀。19世紀歷史畫在西方逐漸成為

里維拉有關墨西哥歷史的壁畫

這幅是墨西哥藝術家里維拉創作的反映本國歷史內容的大型壁畫《特諾奇蒂特蘭城》。特諾奇蒂特蘭城是印第安人建立的阿茲特克帝國的都城，是今天墨西哥城的前身。

繪畫中的一個大類。英國的歷史畫家偏重於歌頌開拓英帝國的英雄,德國的歷史畫家則以德意志民族的強盛為題材入畫。

到20世紀,新生的社會主義國家前蘇聯極為重視歷史畫,通常是由國家來組織創作歷史畫,將它作為重要的政治宣傳手段。在現代歷史畫發展中有里程碑意義的是墨西哥的壁畫運動。20世紀初,墨西哥的一些受過西方藝術教育的畫家提出,要用壁畫這種大眾藝術形式反映本國歷史的發展。他們在墨西哥各地的公共建築物上,創作反映墨西哥歷史的牆頭繪畫。在這些畫家中最突出的是里維拉。他的作品線條簡練、粗獷。1929年里維拉在墨西哥國民宮畫廊上畫了巨型壁畫《哥倫布之前的墨西哥》,全景式地表現了古代印第安人的輝煌文明成就。戰後,由於攝影、電影、電視在記錄歷史畫面中唱了主角,歷史畫就再難發展壯大了。

四

本書正文選取了100幅具有代表性的歷史畫予以逐一釋讀。因為近代的歷史畫數量最多、質量最佳,故而入選的也最多,其他時段則兼顧,其中出自西方歷史畫家手筆的畫作較多,但也兼及東方國家藝術家留下的歷史畫。在技法上是以寫實的油畫為主,同時兼容並蓄不同風格、不同畫種的作品,有些甚至是未留姓名的民間藝人的稚拙畫稿。

至於釋讀文字的風格,乃是重在敘事的"發事隱"。另外研究歷史畫是一項跨學科的工作,難以迴避對藝術風格的評價。筆者治史出身,對藝術是外行,畫理難明究竟,圖繪更是塗鴉。此次是鼓足勇氣,努力從外行的視角說些探析藝術

列寧在 1905 年革命中

這是前蘇聯藝術家創作的革命歷史畫，目的是為了教育人民。

風格的話，權作藝外説藝吧。對這本小書，我謹仿效歌星登臺亮相時愛説的口頭禪："希望大家喜歡。"

最後是致謝。首先感謝福建人民出版社的林斌、徐建新兩位先生，是他們最初光臨寒舍，共商出版這些説圖的小書。尤其是徐建新先生，對我幫助、催促都兼而有之，若不是他的督促，這本小書或許就難於完成。其次感謝何漢寧、張玉敏兩位女士，本書中的圖片都是經她們的手才成為方便使用的反轉片。再其次感謝錢澄先生，他幫我寫了部分釋讀文字的初稿。繼則感謝家中的妻、兒，他們是本書初稿最早的讀者，常不留情面地提出批評，對我助益頗多。還要感謝南京大學圖書館、南京大學歷史系資料室、國家圖書館，它們給我提供了資料上的幫助。其他還有許多向我提供幫助的單位和個人，恕不一一列舉，就合在一道向他們大聲説：謝！謝！謝！

陳仲丹

書於南京北陰陽營寓所

2002 年 3 月

A · GLORIOUS · COMPANY · T

TO · SERVE · AS · MODEL · FO

英帝國展覽海報

*1924 年英國舉辦了一次顯示帝國成
就的展覽，在這次展覽的宣傳海報上
描繪了英帝國發展擴張的歷史。*

情意綿綿的法老伉儷

此畫是古埃及法老與王后伉儷的雙人像。兩人都頭戴華冠，但法老姿態親切隨便。他坐在椅座上，左手攔在身後的椅背上，好像在與王后聊天，站着的王后則親昵地把左手搭在丈夫肩上。

◄◄ 這幅繪在圖坦卡蒙墓中御座椅背上的彩畫，形象逼真，色彩明豔。兩人情意綿綿，十分生活化。

古埃及文明的發達程度在眾多古國中名列前茅，數千年前古埃及人就在尼羅河畔修建了金字塔、日神廟等讓今人歎為觀止的巨型建築。而且其文明的碩果還不僅限於地面，在地底下、山岩中也有，如法老、高官的墓葬即是。

說起來古埃及法老的木乃伊原先是存放於高聳的金字塔中。但造金字塔作為身後安身托魂之所也有不盡如人意的地方：一是工程浩大，動輒就需要多少萬人幹多少年才能完工，勞民傷財；二是金字塔目標大，反而容易成為亂世盜墓賊覬覦的物件。就這樣，到離今天約3,600年古埃及新王國第18王朝的開國法老阿赫摩斯造了最後一個金字塔後，法老的陵墓就全部隱入了地下和山中。儘管沒有金字塔指示路徑，歷朝歷代的盜墓賊仍能打洞穿牆而入，洗劫墓中的殉葬寶物。到20世紀初考古學在西方大興之時，在埃及已很少有保存完整的法老墓供考古學家發掘了。但很少不等於沒有，1922年英國考古學家卡特在尼羅河中游盧克索的帝王谷掘出的圖坦卡蒙墓就是例外的

一例，這個墓葬被發現時仍基本完整。

圖坦卡蒙是個年輕法老，繼位時只有九歲。他幼年結婚，王位是岳父大人著名的改革家埃赫那頓傳給他的。他娶了埃赫那頓的三女兒安開遜巴阿頓為后，這位王后比丈夫年長幾歲。圖坦卡蒙在執政十年後便命歸黃泉。他的一生本沒有多少政績可言，但就因為他的墓葬一直未被盜掘，他也就以墓留名，在歷史上也享有了盛名。從這幅圖中我們似可斷定圖坦卡蒙與王后之間生前一定是兩情相洽情深意長。

當卡特打開金棺揭開裹在木乃伊臉上的亞麻布時驚獃了，他發現在圖坦卡蒙臉上靠近左耳垂的地方有一處致命傷。或許他是死於一場謀殺。那麼誰是謀害他的罪魁呢？從一些蛛絲馬跡似有線索可尋。圖坦卡蒙繼位時尚年幼，由前朝老臣阿伊輔佐執政，甚至可以認為大權實際上是掌握在老相國阿伊的手中。圖坦卡蒙死後，阿伊乾脆就娶了寡后為妻並繼承了王位。有不少埃及學家據此推斷阿伊與圖坦卡蒙的死有着擺脫不清的干係。對寡后來說她的命運似乎正應了《紅樓夢》中的一句歌謠："君在日日說恩情，君死又隨人去了。"況且這個隨去的"人"還與"君"有着不一般的關係。

● 樂舞女伎圖

　　這是一幅描繪樂舞場面的壁畫：兩位女樂手在伴奏，一女拍手擊掌，一女吹奏笛管。充主角的兩個女伎在翩翩起舞。

◀◀　此畫出自距今約3,400年古埃及新王國第18王朝一個書吏的墓室。舞伎的演出服，是假髮多而絲線少，上身近乎赤裸，下體稍加掩飾。用今天的目光來看，這樣的歌舞表演也要算是"開放"的；如果換上宋明理學家程朱陸王的眼，恐怕要痛心疾首閉目不觀了。

　　實際上古埃及早期的藝術並非如此。無論壁畫還是雕塑，挑簾出場的人物總是板着臉目不斜視，正面對人，雙手下垂或擁於胸前，或坐或立，立者必一腿前邁，表現出極端的概念化、程式化，無休止地重複某種固定模式。按照藝術史的講法，古埃及人早期在藝術上恪守一種叫"正面律"的法則，十分死板，多的是道心而少的是天趣。再說人物服裝必是衣冠楚楚，即使那裡天氣酷熱少穿衣服涼快，女士的上衣也不會少穿。

　　藝術風格的大變源於第18王朝法老埃赫那頓發起的一場改革。這本是一場宗教改革，埃赫那頓對原有崇拜多神的宗教不滿意，下令停止對原來的太陽神阿蒙神的崇拜，轉為只信仰惟一的阿頓神。原有的神廟被廢棄，阿蒙神廟祭司失去了各種特權。為表示棄舊圖新，埃赫那頓還下令另建新都埃赫塔頓（後稱阿瑪爾納）。與此相應，在新都中形成了一種新的藝術風格，後世名之為"阿瑪爾納風格"。其特點是真實反映現實生活，尊重現實，描寫現實。

　　年頭不長，等到埃赫那頓一去世，這場歷史上最早的建立一神教的嘗試就宣告失敗。宮廷又遷回舊都城底比斯，阿蒙神廟重新開門迎接信徒，一切恢復舊貌，惟一例外的是藝術風格沒有改回。新都城被放棄，但阿瑪爾納風格卻取"正面律"而代之。

阿瑪爾納風格取代了"正面律"。這一變化得失如何？應該說是得大於失。一是藝術上反映社會生活的面更廣了，除帝王垂拱而治的莊嚴貌外，娛人耳目的樂舞女伎也可入畫了；二是即使是帝王的莊嚴相也有了變化，如埃赫那頓的聖像就是長臉瘦身，顯得文弱，可能這更接近他的真實面貌。總之，阿瑪爾納風格提倡的是以生活的本來面目見人，而不是示人以假面。儘管其中有些藝術作品會不雅馴，但算算得失我們還是歡迎化僵硬為多姿的這一大變。

居魯士之死

表現托米麗斯女王打敗居魯士為子復仇的畫作。在畫面上，以盛血的皮囊（畫得像盆）為視點中心，一邊是以女王為首的婦孺，一邊是上陣殺敵的將領，他們都注視着這報仇雪恨的舉動。

◄◄ 此畫出自17世紀佛蘭德斯（今比利時）畫家魯本斯之手。畫中人物裝束顯然過於新潮，是魯本斯想像中的古人服裝。

居魯士是古波斯最有作為的一位君王，他開疆拓土，使波斯由米底王國的一個藩邦一躍而為囊括西亞、中亞廣大地區的龐大帝國，故而後世尊他為大帝。除武功外，居魯士還有文治的一面，對被征服民族的統治較為寬厚。他甚至還有解民倒懸的善舉，如在滅亡新巴比倫王國後，居魯士就下令解放被迫遷往巴比倫的猶太人，讓他們返回故土。但意想不到的是，居魯士英雄一世，末路卻相當淒慘。

據古希臘歷史學家希羅多德記載，居魯士在佔領巴比倫後，轉而向西北進軍，以圖征服中亞的遊牧民族。他率軍渡過阿拉克斯水（今藥殺水），同馬薩革泰部落交戰。在深入了一天的路程後他故意將軍隊後撤，前方軍營中只留少數士兵陳設酒筵。馬薩革泰人前鋒到達，殺死少數波斯士兵，就地暢飲歡宴，他們吃飽喝足後就睡下休息。這時居魯士率領波斯人殺回來，結果馬薩革泰人傷亡慘重，許多人被俘，其中有女王托米麗斯的

兒子。當托米麗斯聽到軍隊作戰失利兒子被俘的消息，就派了一個使者去見居魯士，讓他傳話："嗜血成性的居魯士，把我的兒子快送還給我，不然我對太陽起誓，不管你多麼嗜血如渴，我也會叫你喝飽的。"

居魯士根本沒把她的話放在心上，而女王的兒子在酒醉醒來時憤而自殺。托米麗斯發誓報仇，她集合自己所有軍隊，誘敵深入，向草原深處退卻。居魯士以為馬薩革泰人已戰敗逃竄，就率領一部分騎兵輕進追擊，結果遭到伏擊。波斯軍隊大多戰死，居魯士本人也戰死疆場。戰鬥結束後，托米麗斯為給兒子報仇，用皮口袋盛滿人血，然後在波斯陣亡者中找到居魯士的屍體，割下他的頭放進那隻盛血的皮囊中，憤憤地說："讓你喝個痛快吧！"

一代雄傑居魯士落得如此下場，推想他地下有知，也難以瞑目吧？真是："縱有千年鐵門檻，終須一個土饅頭。"

收養摩西

這幅畫很有來頭,出自《聖經》的《舊約》部分,與埃及公主解救摩西的故事有關。

◄◄ 這是一個常被講述的《聖經》故事,也就會常常出現在基督教堂和猶太會堂的裝飾中。這幅畫原見於敘利亞中世紀一座猶太會堂的壁畫,出自無名藝人之手,畫法比較簡單,旨在直截繪出公主救孤這件事。

以下簡要談談摩西出生後被收養的經過,依據來自《聖經》。以色列人最初為了逃避饑荒離開迦南(今巴勒斯坦)故土,到達鄰國埃及求生。後來以色列人在埃及生養眾多,人丁興旺,便向埃及全國擴散。以色列人的興盛終於招來埃及人的嫉妒和仇恨。當埃及新王登基時,他看到以色列人越來越多,就對埃及民眾下令:"今後凡以色列人所生的男孩,你們都有權把他丟到河裡去,只有女孩才能活下來。"

這道命令一出,以色列人真是遭了殃。一旦孩子落地,哭聲傳出,埃及人馬上衝進來檢查,是男孩就活活扔進河裡淹死。有一家以色列人,生了一個兒子。這個兒子長得非常俊美,他們實在捨不得失去他。他們想,與其被埃及人扔進河裡,不如我們自己把他放進河裡。於是,他們找來一隻蒲草箱,把那男孩輕輕地放在裡面,送到河邊。說來也巧,這天法老的女兒想到河邊洗澡。她帶着一大群使女來到河邊,正好發現了這隻裝了男嬰的箱子。公主抱起孩子,親吻他,逗他,收他做了自己的

兒子,給他取名叫摩西,意思是"因我把他從水裡拉出來"。

摩西長大了成為一個聰明健壯的小伙子,他在宮中受到了良好的教育。但是,他血管中流的是以色列人的血,他懂得的越多,就越是為自己被奴役的同胞感到難過。最終摩西受到神的召喚,拿着一根神賜給他的能顯示神跡的手杖,行使神跡,讓埃及人目睹了降臨在他們土地上的各種災難,如冰雹、蝗蟲等,最厲害的是威脅要行使殺死埃及人長子的懲罰。威脅兌現時,神"把埃及地所有的長子,就是從坐寶座的法老,直到被擄囚在監裡之人的長子,以及一切頭生的牲畜,盡都殺了"。經受了如此大的浩劫,法老只得同意讓摩西帶領以色列人離開埃及返回故土。

如果從世俗的角度來看,我認為其中最值得讚揚的人應推那位埃及公主無疑。她對這個漂在尼羅河上來歷不明的孤兒的身份,心中不會沒有一點疑問,但仍滿懷欣喜地收留了他。在這一點上,她比她主張殺男留女的父親要高明得多。

● 斯巴達三百壯士

　　此畫以希波戰爭中斯巴達三百壯士為題材。畫中守衛溫泉關的斯巴達人在做出戰前的準備，氣宇軒昂的斯巴達國王列奧尼達居於正中。

◄◄　19世紀初法國著名歷史畫畫家大衛所畫。依照新古典主義的畫風，沒有寫實地畫出斯巴達人身上的重裝鎧甲，而是讓他們赤裸身軀，以烘托他們的強悍勇武。

　　在古希臘鼎盛時代，有兩個城邦在數百希臘城邦中顯得特別出色，這就是雅典和斯巴達。雅典以繁榮的文化聞名，而斯巴達則是一個尚武的城邦。在斯巴達，青壯年男子都必須從戎成為城邦重裝步兵的一員。婦女雖不從軍但也要時常上運動場強身健體，目的是能生育健壯的嬰兒。生出的孩童要經城邦內有經驗的長老鑒定，瘦弱的嬰兒會被遺棄，而合格的男嬰則被留下當作未來的戰士培養。因而整個斯巴達就像一個碩大的軍營，視死如歸的男兒之勇是斯巴達戰士的精神準則。

　　西元前7世紀，希臘世界的敵人是波斯帝國。西元前480年春，波斯國王薛西斯率幾十萬大軍入侵希臘。大敵當前，希臘各城邦公推斯巴達為盟主，統率大軍北上迎敵。希臘聯軍一支到達北方的溫泉關。溫泉關是北希臘通往中希臘的險關，因關口前有硫磺溫泉而得名。守衛溫泉關的統帥是斯巴達國王列奧尼達。斯巴達人鎮定自若準備迎戰。有人向列奧尼達報告，來的敵人數量多到他們射箭的時候會把太陽遮住，列奧尼達回答，那麼就讓我們在陰涼中與敵人作戰吧。

　　波斯大軍到達後，薛西斯下令進攻。守軍憑藉有利地形，擊退敵人一次次進攻。薛西斯出動精銳的近衛軍也無濟於事，第二天的進攻又遭潰敗。當夜薛西斯正在營帳中發愁時，有一個當地希臘人來向他獻策，此人在夜間帶波斯軍隊從一條小道迂迴到溫泉關背後的山頂。受到兩面夾攻的列奧尼達立刻命令希臘各城邦軍隊全部撤走，自己率領三百名斯巴達戰士堅守陣地。天亮時，波斯軍隊發動了猛攻。在眾寡懸殊的情況下，斯巴達人殊死抵抗，矛刺斷了用劍砍，劍折了就拳打腳踢。終因寡不敵眾，列奧尼達和他率領的三百壯士最後全部壯烈犧牲。

　　今日我們觀此畫，憶舊事，耳邊猶響1903年留日學生拒俄義勇隊電報中的鏗鏘言辭：「夫以區區半島之希臘，猶有義不辱國之士，可以吾數百萬萬里之帝國而無之乎！」

飲鴆前的蘇格拉底

飲鴆前的蘇格拉底

這是希臘哲學家蘇格拉底飲鴆前在與弟子們訣別的情景。弟子中應該有事後寫下回憶的柏拉圖。

◀◀ 法國大革命時期的畫家大衛創作。大衛意在借古諷今，諷喻法國大革命中激進派的一些濫殺無辜的過火行為，讓人們警惕在美好的名義之下，熱情的多數人或許在不經意中也會行使暴政。

西元前5世紀是世界上聖哲輩出的時代，單是獨立門戶創立流派的大思想家就可排出三位：中國的孔子、印度的釋迦牟尼、希臘的蘇格拉底。這三人都述而不作，由弟子記錄言行。蘇格拉底雖不立文字，但他有勤於著述的徒子柏拉圖和徒孫亞里士多德，足以將老師和太老師的所思所想垂遠不朽。

蘇格拉底的相貌讓人實在不敢恭維，他長得塌鼻子，鼓眼睛，厚嘴唇，大肚子，但他卻有着令人欽佩的氣質和睿智。他家中有一個性情暴躁的老妻桑蒂佩，老妻經常責罵他不管家。有一次桑蒂佩在洗衣服，想讓丈夫幫忙，而蘇格拉底正忙着與朋友論學，未予理會。桑蒂佩先是大罵，罵得興起把一盆髒水朝蘇格拉底澆來。滿頭是水的蘇格拉底卻哈哈大笑道：「雷鳴過後，必有暴雨。」悍妻成為他砥礪性格、培養耐心的老師。他喜歡讀書、問學和講學，總是赤着腳穿着破長袍在雅典城內遊蕩，與人討論大問題。

西元前399年，三名雅典公民對蘇格拉底提出公訴，指控他不敬神靈和毒化青年。一個由501名雅典公民組成的陪審團聽取了雙方的指控、辯護和證詞，蘇格拉底認為他的言行絕不屬於犯罪，而是有利於社會。陪審團投票判定蘇格拉底有罪並判處他死刑。按照當時的情況，蘇格拉底還有避死求生的機會。在被判有罪後，他可以主動提出對自己的處罰，如流放，來博得陪審團的同情。但他不這樣做，而是嘲弄般地說要交罰金他只能交一個小錢。他的弟子已買通了看守助他逃走，但他寧可服從法律，選擇了死。他死得很從容，先讓人送走妻子和孩子。他的弟子天天都去牢房看他，蘇格拉底對他們侃侃而談。他甚至認為死了反而可以避免老年的痛苦，他失去的只是所有人都感到人生中智力衰退的最累贅的一段時間。他毫無畏懼地飲毒芹水赴死，走過人生里程的最後一段，很合乎其哲人風範。

後人很難相信，就憑這兩條沒有確鑿證據的罪狀便足以判蘇格拉底極刑，背後一定有更深刻的原因。有人認為他口無遮攔得罪了雅典社會名流。也有人認為是出於政治報復，他的學生中有人反對雅典民主政治。美國學者斯通說得更玄遠，認為根本原因在於蘇格拉底的思想與民主政治原則相悖。但不管怎麼說，雅典的公民依循城邦的政治制度，用投票的方式把一個至多是犯有思想「罪」的蘇格拉底送上黃泉之路，總不能算是雅典民主政治的政績吧？

伊蘇會戰

　　畫面反映的是西元前333年馬其頓—希臘聯軍與波斯大軍在伊蘇（在小亞西亞）進行的一場決戰，雙方的統帥分別是馬其頓國王亞歷山大和波斯帝國亡國之君大流士三世。決戰的結局是波斯軍大敗。圖中可見潰敗的波斯軍陣，大流士三世見到大勢已去，急命車夫催趕戰車，臉上神色慌張。

◄◄ 這是在意大利龐貝古城農牧神宮遺址上發現的一幅鑲嵌畫的局部。原作是西元前3世紀初馬其頓國王為紀念這次會戰邀請畫家比洛克申創作的。原作現已不存，這幅是羅馬人的複製品。全畫構圖複雜，人物眾多，激烈的戰爭場面處理得非常細緻。

　　馬其頓國王亞歷山大率大軍遠征東方是東西方之間自西元前5世紀的希波戰爭（希臘與波斯間的戰爭）以來的又一次大征戰。經過十年的遠征，亞歷山大的遠征軍經西亞、中亞直至印度，一路所向披靡（除在地中海東岸的推羅攻城一度受挫），建立了龐大的亞歷山大帝國。

　　在十年遠征中，伊蘇會戰是一場關鍵性戰役。從軍隊數量來說，亞歷山大處於劣勢，他只有3萬多軍隊，而波斯軍隊則超過12萬人。但亞歷山大比大流士三世更懂得怎樣鼓舞士兵的勇氣。在兩軍即將交戰的陣前，他騎馬飛馳，大聲號召將士們要做忠勇的男子漢。他能叫出不少人的名字，而官兵們則從四面八方扯開嗓門對他發出呼應。

　　交戰開始後，亞歷山大集中優勢騎兵和方陣步兵，以神速直搗波斯軍中鋒，加上地形有利，使得波斯軍隊損兵折將，喪其大半，頓時潰不成軍。在戰鬥激烈進行時，大流士竟帶着少數隨從從戰場上逃脫，甚至把自己的弓、盾和王袍連座車一起扔掉，騎馬逃之夭夭。他的母親、妻子和兩個女兒也被丟下做了俘虜。伊蘇一戰，形勢大變，波斯帝國元氣大傷，難以東山再起，未經多久就成了亞歷山大帝國的屬地，大流士三世也被部屬所殺。此戰以後，亞歷山大給人寫信稱："今後寫信給我，要把我當成亞洲之王，不准用對等的口氣！"

　　亞歷山大東征能夠大獲全勝的原因，可以歸納為力戰和心戰兩個方面。從力戰方面看，亞歷山大少年時就從軍，長年的軍旅生活使他深通戰法，有豐富的軍事指揮經驗。他父親腓力二世創立的馬其頓方陣陣法在實戰中也行之有效。由手持超長長矛的士兵組成的數十人的方陣有巨大的衝擊力，其效用類似20世紀的坦克集群。另外，亞歷山大有很高的文化素養，他幼年的家庭教師就是當時希臘世界第一流的學者亞里士多德。這反映在心戰上使他不是一味征戰，而是很注意以仁心示人，以爭取支持。或許正是心戰上的成功為他鋪出了東征的坦途。

阿基米德遇害

　　歷史上赫赫有名的科學家阿基米德是死於羅馬士兵之手的。從畫中看，當持劍的羅馬兵走進阿基米德的斗室時，他依然沉浸在迷人的科學夢境之中，指責來人的影子擋住了他畫的幾何圖形，結果被惱怒的羅馬兵刺死。

◄◄ 這是古羅馬的一幅鑲嵌畫。形象生動，風格寫實。

　　西元前3世紀阿基米德生活在西西里島的敘拉古，當時西西里島屬於希臘世界。這時的希臘世界已度過了它古典的黃金時代，不再是小國寡民城邦林立的狀態，而是幾個大國紛爭不息的亂世。其時被希臘世界視為虎狼之國的羅馬正在西面崛起。為應付危局，希臘世界在文化上也由注重形而上的人文科學轉為注重形而下的自然科學，或許後者更能應急，帶來看得見的益處。

　　阿基米德少年時曾被送到希臘世界的學術中心亞歷山大城去學習。學成回敘拉古後總結出了杠桿原理。據說他的研究工作遭到更注重實用的國王的非議，國王對他說："我要你實際的表演，不要你空洞的理論。"而阿基米德的回答是句名言："假如給我一個支點，我能推動地球。"表示他的杠桿原理也有大用。後來的一件趣事讓阿基米德有了實際表演的機會。有一次，敘拉古國王讓工匠做了一頂純金的王冠。金冠樣式很好看，而重量又恰巧等於國王給工匠金子的重量。國王想知道工匠有沒有摻假，讓阿基米德在不損壞王冠的前提下弄清真相。阿基米德苦苦思索，在洗澡時發現洗

澡盆裡的水會隨着人的入水程度變化而變化，他得出了阿基米德定律。於是他把王冠放進水中，測出其中摻入了銀子。

　　在阿基米德晚年，羅馬進攻敘拉古，他加入了保衛祖國的戰鬥。在他指導下，敘拉古製造了一些特殊的守城器械。傳說，他發明的迴轉起重機抓住羅馬兵船，懸在空中，向海上拋去，使得船毀人亡。由他設計的拋石機，將巨大的石塊投出去，摧毀了敵艦，羅馬士兵死傷枕藉。還有有着巨大鏡面的鏡子，能聚焦反射強太陽光引燃敵艦。當然對這些傳說不能盡信。

　　西元前212年的一天，羅馬人終於偷襲成功，進入城中。敘拉古破城之日就是阿基米德捐軀之時。帶隊攻城的羅馬將領事後對殺害阿基米德表示追悔，將殺害他的士兵趕出軍隊，並為阿基米德立墓碑以示紀念。

或許像阿基米德這樣既懂"空洞理論"又會"實際表演"的學者對羅馬也很有用，楚才尚可晉用，況且連國土也要並入羅馬版圖的敘拉古人。可惜是一個小卒誤了大事，使得阿基米德發明的抓船起重機、燒船巨鏡竟如諸葛亮的木牛流馬一樣，讓後人永遠無緣一睹了。

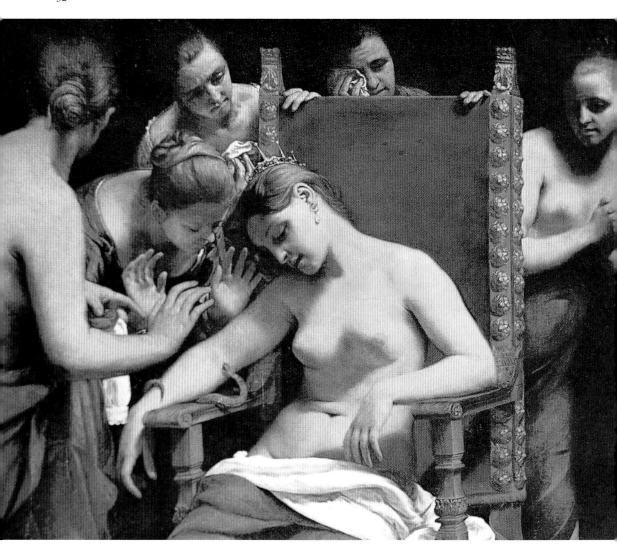

豔后香殞

"豔后"特指埃及托勒密王朝的女王克婁巴特拉七世,此畫表現她驚心動魄的死。

◀◀ 這是一幅由卡尼亞創作的油畫。儘管是悲慟的彌留之際,畫中仍充滿着香艷和肉欲,美貌的裸胸女王被毒蛇噬咬後嬌弱無力似更惹人愛憐。這種想像的畫法或是畫家為她的艷名所誤吧?

據說克婁巴特拉有驚人的美豔。但最近有人對"豔后"的豔提出異議。英國大英博物館的埃及學家根據她留到今天的雕像認定,這位"豔后"並非絕代佳人。她長得大眼睛,頭髮捲曲,鼻子過大略帶鉤曲,充其量只是平常人姿色。對此說法,埃及學者不以為然,認為英國學者是信口胡言。

有些埃及學者還有一種退一步的說法,強調"豔后"是個罕見的才女。據說她影響愷撒等人的魅力主要是靠風度、氣質、悟性、談吐和學識。埃及哈勒旺大學教授吉哈宰克說:"儘管克婁巴特拉不像她與羅馬將軍的愛情故事中描寫得那麼漂亮,但我確信她是極聰明的,她應付羅馬人不用美人計。"埃及希臘羅馬博物館館長艾哈邁德表示:"克婁巴特拉在 17 歲時就繼承父位當政,她統治埃及是憑聰慧和豐厚的文化底蘊。她與羅馬將領相處的三件武器是:潑辣、聰慧和溫柔。"

克婁巴特拉先後嫁過兩個羅馬最有名的大人物:愷撒和安東尼。這兩人都是羅馬名將並一度掌握國家大權。但她的命運先盛後衰,愷撒被人刺死在羅馬元老院中,安東尼在羅馬內戰中被屋大維打敗,逃回埃及亞歷山大城後拔劍自殺。

據說克婁巴特拉曾派使節去見勝利者屋大維,請求他饒過自己,遭到拒絕。屋大維計劃中對她的處置是把她帶回羅馬城作為戰利品對人炫耀。克婁巴特拉聽到這個消息後絕望了,她讓人給她建造了一座精美的墓堡,按照事先的安排自殺。侍女拿出一隻裝滿無花果的籃子,裡面藏有毒蛇。她伸出手臂讓毒蛇咬,又把蛇放在袒露的胸前,很快就中毒斷氣。侍女接二連三地死在她身邊。她死後屋大維以隆重的禮儀把她和安東尼合葬在這座墓堡中。

在"豔后"出世前 1,000 多年,埃及就曾出過一位貨真價實的女法老——哈特舍普蘇,但很少有人知其名。究此聲名懸殊的原因,是"豔后"有少有的豔遇(女本位)。可惜我們不能起"豔后"於地下,讓人看看她到底是豔還是不豔。

西塞羅控告喀提林

描繪古羅馬共和國末期的政治家西塞羅在元老院發表反對喀提林陰謀的演說的場面。

◄◄ 這幅畫是現存於羅馬元老院舊址的一幅壁畫。作於 1889 年，是給古跡補壁的近代畫作。

喀提林出身於貴族家庭，曾出任大法官和非洲總督。但他的仕途並不順遂，去職後兩次競選掌實權的執政官職位都失利，從此他的政治態度轉向激進。西元前 63 年，為第三次競選能成功，他擺出一副為民請命的架勢，提出取消債務和反對元老寡頭的政治綱領，得到下層平民擁護。而當時在朝的元老院把喀提林視為危險分子，對他進行抵制。抵制的措施之一是讓西塞羅以在任執政官的身份領導這次競選。西塞羅利用手中的權勢和自己的政治影響與喀提林對抗，終於使他又一次落選。

競選失敗後，以喀提林為首的陰謀分子認為用合法手段達不到目的，決心通過武裝政變奪取政權。他們在各地進行鼓動，秘密集結力量。有些失意官員也參加了他們的陰謀活動。喀提林原定這年 10 月起事，但因計劃不周，沒有發動起來。11 月 7 日深夜，陰謀分子秘密開會，決定第二天在拜會西塞羅時把他當場刺死，但西塞羅事先獲悉了他們的陰謀。為揭露這一陰謀，第二天西塞羅在元老院接連發表了名為《反喀提林》的四篇演說。在演說中，他情緒激動，急於想讓元老們贊同他的看法。這些演說辭用詞講究，極富感情色彩，後來成為拉丁散文中的名篇。事已至此，喀提林只得在 9 日離開羅馬到外地去組織武裝隊伍，而留在羅馬城內的喀提林同黨又企圖策動附近的高盧人暴動。由於事機不密，事變很快就被元老院平定。西元前 62 年 1 月 5 日，喀提林在一次戰鬥中戰敗身亡。

這就是羅馬史上被稱為 "喀提林陰謀" 的整個過程。西塞羅在平定這場暴亂的過程中起了關鍵作用，被人們看作是在危急時刻拯救了共和國。公民會議還通過決議，尊他為 "祖國之父"。

歷來史學家對喀提林其人的評價不一，有人認為他是走在時代前列的進步人物，也有人說他是別有用心的陰謀分子。實際上，喀提林是一個在野的政客，不在其位時樂得唱唱高調，至於上臺後能不能兌現，難得樂觀。

● 審問耶穌

耶穌在羅馬統轄下的耶路撒冷遭逮捕後，被送到猶太大祭司該亞法那裡受審的情景。

◄◄ 畫面在燭光的映照下顯得昏暗模糊，更增添了一份陰森可怕的氣氛。

當時天還沒亮，猶太公會急於審問耶穌，便在室內點上了蠟燭。旁邊站着的有些是來為這場審判作證的證人，儘管他們的證詞相互抵觸也仍然有效。該亞法打着手勢問耶穌："你就是上帝之子救世主嗎？"耶穌雙手交叉在面前坦言承認："我就是。"該亞法對眾人說："你們已經聽見他僭妄的話，有什麼意見？"他們都同意定耶穌死罪。

耶穌到底犯了什麼罪？他創教傳道，喜歡與社會各階層人接近，不停地講述一些讓人感到新奇的道理。他還時常行神跡，如使病者健康，死者復活（從世俗角度看當然難以置信），使得人們成群結隊地來到他周圍，光是終日隨侍左右的門徒就有 12 人。漸漸地他就在宗教和政治上有了很強的感召力，被下民當作是上帝派來的救世主，民眾歡呼他為"以色列王"。猶太公會的大人物很快感到，這個人對現存社會秩序和宗教信仰都有威脅，要嚴加防範。他們的理由是："若這樣由着他，人人都要信他。"西元33年4月的一天，他們終於在耶穌變節門徒猶大的幫助下逮捕了他，對他進行了歷史上這場有名的審判。

那天上午猶太公會判定耶穌犯了褻瀆神明的罪，當時這是要處死刑的重罪。不過判定死刑屬於羅馬總督彼拉多的權力範圍，這一判決要得到他的同意才能執行。但彼拉多起初並不贊同判耶穌死刑。據《聖經》記載，耶穌被捆綁着送給彼拉多，彼拉多明確表示不該判耶穌這樣重的刑，他對大祭司和眾人說："我查不出這人有什麼罪。"但聚集在周圍看熱鬧的法利賽人（猶太教一教派信徒）不同意，"他們便極力地喊着說，把他釘十字架"，"彼拉多願意釋放耶穌，就又勸解他們。無奈他們喊着說，釘他十字架"。就這樣一而再，再而三，彼拉多極不情願地在一片喊殺聲中，下令鞭打耶穌，最後把他釘死在十字架上。

這是歷史上被思想家稱為"多數暴政"現象的一個典型例證。指控耶穌的人認定他瀆神，當然是他們心目中的神，就要置他於死地而後快。至於控告他藐視羅馬當局、叛國等等，就是欲加其罪何患無辭，為誅滅異己不妨借用一下政治力量。而彼拉多明知耶穌罪不當死，也在民意的脅迫下不得不判他死刑，似乎印證了我們熟悉的一句慣用語："不殺不足以平民憤。"故而後來盧梭慨歎：民眾會被蒙蔽，民意也有不可靠的時候。

羅馬暴君尼祿

這幅畫描繪的是女基督徒被推向猛獸的情景，歷史上有名的暴君尼祿在一旁無動於衷地靜觀。

西元1世紀的羅馬皇帝尼祿長於音樂，精於彈琴（豎琴）。他對自己樂理上的造詣很自負，在任時曾嫌意大利的子民不識其琴技的高妙，而喜歡去希臘演奏，把當地臣民引為知音。尼祿在藝術上有其長，但在政治上卻是一個罕見的暴君。他在掌權後，為了不讓人奪其權位，下令殺死了自己的母親、哥哥和妻子。尼祿甚至不放過他的老師、著名哲學家塞內加，勒令他自殺。

尼祿的宮廷生活極其驕奢淫逸，他常以舉辦各種豪華宴會取樂。有一次宴會被安排在木筏上，木筏被小船拖動在湖中緩緩蕩漾。小船上蕩槳者都是清一色的孌童。在湖岸的一邊設置了冶遊的院舍，裡面有不少貴族婦女。在對岸則有一群裸體的娼妓，搔首弄姿，跳各種粗俗的舞蹈。當暮色漸深時，從湖濱的叢林和房舍裡傳出一陣陣相互唱和的歌聲，或許為歌聲伴奏的樂聲中就有尼祿的獻藝。

在尼祿統治下的西元64年，羅馬城內燒了一場大火。這場火使全城大部分地區化為廢墟。傳聞火是尼祿下令放的，因為他不喜歡難看的舊建築和曲折狹窄的舊街道。據說當大火燃起時他坐視不救，怡然自得地登高遠望，在琴聲伴奏下一面觀賞騰起的烈焰，一面高聲吟誦荷馬史詩中有關特洛伊城被火焚的詩句。在大火之後，尼祿搶先修建了自己的"金屋"。"這座王宮的出奇之處，並不在於那些司空見慣的和已經顯得庸俗的金堆玉砌，而是在於野趣湖光，林木幽邃，間或闊境別開，風物明朗"。當尼祿看到這座建築時，讚歎道："這才像個人住的地方。"

為平息民眾的不滿，尼祿下令逮捕縱火嫌疑犯。被捕的都是無辜的早期基督徒。對這些"罪犯"尼祿施以殘酷的刑罰。他們被蒙上獸皮，任猛獸撕咬；或被釘在十字架上，天黑後點火燃燒。

68年，羅馬帝國內部爆發了反對尼祿暴政的起事，連近衛軍也背叛了他，元老院乘機宣佈廢黜尼祿。在羅馬城郊的一所別墅裡尼祿自殺，據說死前他哀聲歎息："多麼偉大的一個藝術家要死了！"

在歷史上常有一些被命運播弄錯定角色的政治人物。這些人本有自己的特長，尤其是在藝術方面，但恰好他們又有幸（或不幸）生在帝王家，有條件承繼大統，躋位君王。而這對他們來說是棄其長，揚其短，最終結局往往是悲劇性的。尼祿便是如此。與他相似的還有中國北宋末年的皇帝宋徽宗趙佶。

洗劫耶路撒冷

這幅畫畫的是羅馬軍隊鎮壓猶太人起義，攻打到耶路撒冷猶太人的聖殿門前的情形。據史料記載，羅馬軍隊和猶太人曾在耶路撒冷猶太人的聖殿裡決戰，聖殿也在戰鬥之後成為廢墟。

在羅馬帝國廣闊的疆域內，猶太人聚居的猶地亞省情況是比較特殊的。其特殊性在於當地人始終拒絕接受羅馬文化，頑強地保持自身的獨特傳統。居優勢地位的羅馬人在帝國各地推行羅馬化都很成功，但惟有在這裡例外。猶太人是個歷史悠久的古老民族，其文化底蘊特別厚實，他們創立了世界上最早的一神教——猶太教，且信仰篤實虔誠。這就使得猶太人在捍衛自己的信仰、傳統方面表現得特別執著頑強。他們堅決抵制羅馬人的影響，並因此不時與羅馬統治者發生衝突，甚至演變為大規模的起義。經這次起義後，到西元132年猶太人又舉行了反羅馬人的起義。戰事前後拖延了三年多，最終結局與前次起義一樣，也是要塞失守，起義領導人大多被殺。此後，哈德良下令在耶路撒冷建造新城，遷移外族人來耶路撒冷居住，禁止猶太人進入。自此猶太人開始離開以耶路撒冷為中心的故土向世界各地流散，也拉開了延續2,000多年西方反猶主義漫長歷史的序幕。

有一次羅馬總督彼拉多突發奇想，下令把繡有皇帝像的羅馬軍旗陳列在耶路撒冷猶太人的聖殿中，因遭到猶太人的堅決反對才作罷。在卡里古拉任羅馬皇帝後，羅馬總督又下令在聖殿中豎起卡里古拉像，而在聖殿中進行偶像崇拜犯了猶太教的大忌，同樣也遭到猶太人的激烈抗爭。西元66年，忍無可忍的猶太人在暴君尼祿統治時舉行起義，把羅馬人趕出了耶路撒冷。西元70年，羅馬軍隊圍困耶路撒冷城。由於城中極度缺糧，羅馬大軍很快攻破耶路撒冷城，燒毀聖殿，洗劫全城。羅馬統帥第度在鎮壓起義時大殺猶太人，他到處豎起釘人的十字架，以致"沒有地方再立十字架，沒有十字架再釘人"。

最後有幾百猶太人退守到位於死海西岸山岩上的馬薩達堡壘。這是一座易守難攻的要塞，猶太人在裡面儲藏了大量糧食，山上有水源。羅馬人採用圍困戰術，斷絕守軍與外界的聯繫。在耶路撒冷陷落後，猶太人在這座堡壘中堅守了整整三年。羅馬人攻破外牆後他們繼續堅守內城，最後堡壘中殘存的猶太人全部自殺。

西元1世紀和2世紀的兩次猶太人大起義都與文化的衝突有關，歸根結底原因在於羅馬人未能"入其地，問其俗"。

古羅馬角鬥

展現在我們面前的是一個殘酷的畫面。圖中兩個角鬥士正在持械相向搏殺，性命若遊絲，就要決斷於頃刻之間。一人居中裁判，以監督角鬥者的場上表現。

◀◀ 這是羅馬人在西元 2 世紀留下的一幅鑲嵌壁畫。

角鬥表演是古羅馬人酷愛的娛樂。在表演時，受過專門訓練的角鬥士手持短劍和盾牌等，被驅使着在角鬥場上捉對拚死格鬥，也有與猛獸（主要是獅子）廝殺的，以博得觀眾的歡欣。為了延長角鬥時間並增添角鬥的花樣，角鬥士還要用上各種防護用具。有的披戴盔甲、護面罩、護胸，有的手拿盾牌，這樣使角鬥士不至於很快喪命而無戲可看。不過他們身體有些地方要裸露出來，以便讓觀眾能清楚地看到出血，從中取樂。

古羅馬人觀看角鬥表演很內行。角鬥士一出場，他們先要打量這些人的身材、舉止、裝備和架勢，然後欣賞廝殺雙方的格鬥技藝。當一方被擊敗時，就由有地位的人或是女祭司、貞女做手勢：如果大拇指朝上，敗者還可活命；如果大拇指朝下，敗者就要被當場殺掉。角鬥結束後，有專人檢查斃命的角鬥士，用燒紅的鐵棍刺，如果還活着就用大鐵錘敲死。羅馬角鬥表演的規模越來越大，後來出現了騎馬駕車角鬥的場面，甚至會再現一場大規模的戰事，交戰結束時場上死傷枕藉。在羅馬每個較大城市都建有角鬥場，大的如羅馬城中

的大鬥獸場最多能容納五萬觀眾。

角鬥的盛行與羅馬人的軍事傳統有關。羅馬人自建國以來長時期致力於對外擴張，疆土不斷擴大。因為長年在外打仗，羅馬的軍紀很嚴，盛行過"十丁殺一制"，即一支軍隊作戰不力，就要在十人中抽出一人當眾殺死。後來到羅馬帝國時期曾有過近300年的和平，為了在和平時期保持羅馬人的尚武精神和戰鬥傳統，就要人為地製造戰爭作為公眾娛樂。這是羅馬角鬥盛行的社會背景。甚至一些羅馬皇帝也興致不減親自披掛上陣，不過他們對手的兵器不開刃口，以確保他們只是殺人而不是被殺。

按照規定，角鬥士在上場時要列隊向看客致敬，即使是在被剌中的垂死之際也要盡可能做出規定的動作，以表示這是一場表演。古羅馬人居然能對同類想像出如此暴虐的娛樂，不禁要讓人歎息"人心惟危"，而恥於與他們引為同類了。

如果有人說，西羅馬帝國的滅亡是由於中國造成的，人們一定會以為他是在說胡話。但如果他說西羅馬帝國的滅亡與中國有關，那還真有幾分道理。我們知道，西羅馬帝國是在被稱為"蠻族"的日爾曼各部的打擊下滅亡的，而日爾曼人又是受到突然出現在歐洲的匈奴人的壓迫才進入羅馬疆土的。這些匈奴人據考證可能就來自中國北方。西漢時，雄才大略的漢武帝幾次派兵遠征匈奴。北匈奴遭受打擊後無法在漠北立足，開始向西遷移，歷時300年時間才到達歐洲。這些匈奴部落是分散遷移，且住且走，沿路征戰殺戮，裹脅通婚，其居民成分已經變化很大，肯定不是純粹的蒙古人種了。

● "上帝之鞭" 阿提拉

　　這次的主角是匈奴帝國的君主阿提拉。畫中剛經一場激戰獲勝後的阿提拉正騎在馬上振臂高呼，前面地上是喪生在他刀下的對手。

◄◄ 這幅畫是 19 世紀法國畫家德勞奈所畫。

　　西元 374 年，第一支匈奴騎兵進入歐洲。他們身材短小粗壯，剽悍善戰。在戰術上，他們遠用弓射，近用刀砍，身騎快馬，來去飄忽。羅馬人覺得："他們突然出現，好像飛將軍從天而降。他們又像一陣旋風，所過之地寸草不留。"在入侵歐洲的匈奴人中最有名的是444年建立匈奴帝國的君王阿提拉，這個帝國以多瑙河中游為中心地區。阿提拉能征慣戰，其麾下矯健的騎兵和箭無虛發的神箭手所向無敵，被當地人視為是上帝對他們的懲罰，因而阿提拉也就有了"上帝之鞭"的綽號。

　　西元 450 年，阿提拉率兵進攻西羅馬帝國。事情的起因是他向羅馬皇帝提出"和親"的聯姻要求，他要娶皇帝的妹妹為妻。據他說羅馬皇帝的妹妹霍諾麗婭送他一個定婚戒指，請求拯救她，解除她原有的包辦婚姻，嫁妝是半個羅馬帝國。這個平分羅馬帝國的要求被拒絕後，阿提拉就率兵進攻高盧，一直打到奧爾良，把日爾曼人的西哥特國王也打死了。當時歐洲幾乎沒有一支軍隊能夠頂得住阿提拉的橫衝直撞。後來羅馬人與西哥特人聯手，經過一場浴血決戰，才擋住了阿提拉的匈奴大軍。

　　一位見過阿提拉的羅馬史學家把這個匈奴大帝描繪成面目可憎的侏儒，膀闊腰圓，大頭寬額，扁平鼻子，疏疏落落長了幾根鬍鬚。而另一位親眼見過他的歷史學家則說："匈奴王高視闊步，他常常表現得高人一等，非世人所能及。他還有骨溜骨溜猛轉眼珠的習慣，好像對他造成的恐怖怡然自得。"據說阿提拉打仗經常身先士卒，親冒矢石。他會對士兵們說："我自己將擲出第一支投槍，哪個可憐蟲要是不肯照他君主的樣子行動必死無疑。"這樣就把匈奴士兵的勇氣全都激發了出來。

　　阿提拉死時才 47 歲，他的死有着神秘的傳奇色彩。那是他出征到意大利，決定娶一個年輕美貌的少女為妻。在喜宴之後兩人進入新房，第二天就發現新娘處於昏迷狀態，而阿提拉躺在血泊之中，他是因鼻出血不止而死的。

英國人談起自己民族的歷史總有一種強烈的自豪感。蕞爾之地的英倫三島竟然在歷史上建立了比本土大幾十倍的大英帝國，殖民地遍及全球，紅日高升，東方不亮西方亮，號稱"日不落帝國"。誰又能想到，大不列顛早年也有不能稱雄之時。阿爾弗雷德的抵抗，是當時國力還相當寒微的英國歷史上光輝的一頁。

抗擊維京海盜

此畫描繪的是英國西塞克斯國王阿爾弗雷德率軍在海濱抗擊準備登陸的丹麥維京人的戰鬥。

◀◀ 這幅水粉畫是英國畫家柯林・吉爾在 1929 年為倫敦威斯敏斯特大教堂畫的壁畫。

在歷史上，英國曾一再遭到來自北歐的維京人的入侵。這些維京人因其行徑近乎海盜，所以在歷史上又被稱為"維京海盜"。

住在斯堪的納維亞半島的維京人本是一個民族，講同一種語言。8－11 世紀，維京人四處征戰，侵略鄰國。他們逐漸有了分支，成為瑞典人、丹麥人和挪威人。這些人不僅驍勇善戰，而且常年在海上興風浪搏鬥，積累了豐富的航海經驗。各國維京人各選入侵的方向，其中一股從瑞典啟航，居然南下一直打到君士坦丁堡（今伊斯坦布爾）。

維京人依靠的主要是其性能優越的長船。這種船吃水淺，可以沿河逆流而上，也能在溪流和港灣裡停泊。它經得起大西洋上的狂風巨浪，造型也很獨特：龍首船頭，精雕細刻，船身細長，曲線優美，船尾高翹，引人注目。船旁排滿黑黃交錯的盾牌，船上刀劍寒光閃閃，殺氣騰騰。而且維京武士個個武藝高強，紀律嚴明，"對付數量相等的敵人，他們總能保持不敗"。

西元 789 年夏天，三艘維京海盜船在英國靠岸，船上人殺死了前來探個究竟的地方官，從此，英國人與維京人之間開始了長達 200 多年的殘酷戰爭。侵略英國的維京人主要來自丹麥。這時英國不統一，幾個小王國各自為政。793 年英國東北一座修道院遭一支強大的丹麥艦隊突然襲擊。丹麥人大肆洗劫，殺死許多修士，帶着大量金銀珠寶和聖徽揚長而去。

從西元835年起，英格蘭南方不斷遭受維京人洗劫，有時海盜船隊多達幾百艘船。丹麥人溯泰晤士河而上，向英國內地大舉進攻。9 世紀末，丹麥維京人在英格蘭腹地的約克和諾丁漢安營紮寨，控制了倫敦和康橋，英格蘭一個小王國諾森伯利亞亡國。丹麥人還想征服另一個小王國麥西亞，麥西亞向鄰國西塞克斯求救。西塞克斯國王阿爾弗雷德是個優秀的軍事家，他率領部下抵抗入侵者，奪回倫敦，迫使丹麥人求和退出。阿爾弗雷德還創建了英國第一支海軍艦隊，以對付來自海上的威脅。但在他去世後，又有一批丹麥維京人入侵，後被英王愛德華擊潰。1002 年，英王下令處死所有殘留在英國土地上的丹麥人，英國從此基本擺脫了維京人的襲擾。

諾曼征服英國

這幅歷史畫反映的是西歐歷史上的一個重要歷史事件——諾曼征服,即1066年法國的諾曼底公爵威廉入侵並征服英格蘭。畫中的諾曼底騎兵正迎戰英格蘭步兵。

◀◀ 歐洲發展到中世紀早期,在藝術上大失水準,古希臘羅馬那種典雅成熟的藝術風格消逝了,代之而起的是一種粗拙的藝術風格。這幅壁毯畫作就是這樣的藝術品,畫面注重抽象的線條處理,輪廓線特別粗重;人物形象類似玩偶,頭部細小,身體被有意拉長。這種稚拙的繪畫是介於歐洲古典時代和文藝復興時期兩個藝術高峰之間的低谷。

諾曼征服的起因與英、法兩國王室與貴族之間的聯姻有關。1066 年 1 月,英格蘭國王"懺悔者"愛德華去世,法國諾曼底公爵威廉要求繼承英國王位。他提出這一要求有兩個原因:第一,愛德華的母親是諾曼底人,愛德華有一半的諾曼底血統;第二,愛德華以前在王室內爭中為爭取威廉的支持,曾許諾要把英國王位傳給威廉。

愛德華沒有後代可以繼承王位,他在臨終時指定妻弟哈羅德為繼承人,並得到英國貴族會議的批准。沒能繼承英國王位,威廉公爵感到自己受到了愚弄,便趁哈羅德忙於北方戰事時揮戈渡海而來。他率領一支5,000人的軍隊在英國南部登陸。據說,他剛下船就摔倒在地,但他把這一跤解釋為好兆頭,對隨行者說:"你們看,我的雙手已經抱住了英格蘭。"

哈羅德聽到威廉入侵的消息,連夜從北方趕回倫敦,但形勢對他很不利。諾曼底軍隊以重甲騎兵為主,作戰技術熟練,紀律嚴明;而哈羅德的軍隊以民兵為主,沒進行過正規訓練,軍事素質較差。雙方的裝備也很懸殊:諾曼底軍隊騎兵使用長矛、大刀和盾牌,步兵使用長槍和弓箭;而哈羅德的步兵武器很原始,只有投槍和盾牌,甚至還在使用石斧。1066年 10 月 14 日晚,諾曼底人和英國人在哈斯丁斯北面的高地上展開決戰。英國軍隊排列成"龜形"方陣,方陣中的士兵緊緊地擠在一起,肩靠着肩,盾靠着盾,手中拿着劍或斧,構成盾牌牆。威廉採用步兵弓箭手和騎兵聯合作戰的戰術,弓箭手把箭射向天空,形成箭雨,其中一支箭射中了哈羅德的右眼。步兵也這樣扔出投槍、石頭。箭雨、箭石從天而降,迫使英軍舉起盾牌,諾曼底人趁機突擊,破了英軍步兵堅固的盾牌牆。哈羅德和不少英國貴族當場戰死。戰後獲勝的威廉公爵加冕為英國國王,稱威廉一世。

黑死病

　　在14世紀歐洲曾遭遇到一場空前的大災難，這就是被稱為"黑死病"的淋巴腺鼠疫流行。畫中代表黑死病的精怪正用手中的長鐮刀在屠殺生靈，地上滿是死者，正如當時的一首兒歌中唱到的："他們在一片片地倒下。"

◀◀ 這是中世紀的插圖畫，名為"死亡的勝利"。

　　由於"黑死病"的流行，在 20 年裡歐洲減少了三分之一人口，其中以 1348 年疫情最為嚴重。據說病源來自東方，有一批去中亞經商的意大利商人帶回了帶菌的老鼠。因而在歐洲最早受害的地區是意大利的港口城市，後來逐漸擴散到歐洲各地。

　　這種病有可怕的症狀，發病很快，病人身上起小膿包，腋下和腹股溝有硬結。這些硬結敷上任何藥都無效。病人會咳出或嘔出暗黑色的血，故而有了"黑死病"的病名。患者幾乎全部死亡，許多人就倒斃在路上，街道上屍體橫陳，常常是一家人同裝載在一輛運屍車上。由於死的人太多，教堂的墳地、家族的祖塋已無法容納，只好臨時在附近掘些深坑，把屍體成百上千地葬下。意大利是重災區，僅在 1348 年的幾個月中，意大利佛羅倫薩就死了十萬人。健康人只要一與病人接觸，甚至只是說幾句話，碰一下他穿過的衣服，也可能受傳染而死。當黑死病傳播到英國後，海濱城市南安普頓幾乎所有的居民都送了命。

　　怎樣預防黑死病？ 1401 年佛羅倫薩醫生馬澤伊提出建議："趁太陽還沒落山，抓緊時間到戶外活動。如果不能這樣，在飯前做一些鍛煉也行。"還有人提出用大火淨化空氣以防止黑死病傳播。對治療黑死病醫生們各顯神通，提出了許多怪異的療法，如把青蛙放在病人的膿包上吮吸污血。

　　對黑死病的流行當時有各種解釋。比如認為是上帝的憤怒導致了黑死病，這使得人們一時對上帝的仁慈產生了懷疑，結果各種怪異的教派應運而生。在瘟疫橫行的城市，出現了鞭笞教派。為了贖罪，信教者舉行了讓人毛骨悚然的遊行，他們每人伴着凄厲的歌聲用力地鞭打自己前面的人，以此來平息上帝的憤怒。

　　為尋找這場災難的根源，還產生了一種奇怪的說法，認為這是猶太人在水井中投毒的結果。因此在歐洲不少城市的猶太人受到指責，遭到折磨，直至被送上火刑柱燒死。這樣的反猶活動一直到瘟疫不再流行時才漸漸平息。

受到疫病禍害的人採取的對策竟然是迫害別的無辜者，真是匪夷所思。

聖女貞德受刑

　　從畫中看，法國的民族英雄聖女貞德被英軍士兵綁在火刑柱上，圍觀的教會法官是來監刑的。值得注意的是她身穿女裝，並非如英國人所説"拒穿女裝"。

　　講到貞德的故事還要從中世紀英、法兩國之間漫長的百年戰爭説起。在這場戰爭中，法國起初總是戰敗，大片國土被英國佔領。1428 年 5 月，英軍向法國南方的戰略要地奧爾良進逼。這時只是法國鄉村一個普通農家少女的貞德感到自己有一種責任感，隱約聽到有一個"聲音"在召喚她，要她出面來拯救祖國。10 月，她身着男裝去見省長，聲稱法國將得到"一個童貞女"的拯救。穿男裝又是她表現出的一個不尋常之處。省長受她愛國熱情感召派人護送她去面見法國王太子。見了王子後，貞德對他説："上帝派我來援助您和法蘭西王國。"她説服了王子，王子同意由她帶人去援救奧爾良。

　　1429 年 4 月，貞德以"總指揮"的身份，身穿男裝，全身鎧甲，騎着白馬走在全軍前面，率領7,000 多援軍向奧爾良進軍。這時奧爾良被英軍圍困已有半年。在關鍵的一場破圍戰中，貞德中箭負傷不下戰場，繼續揮舞軍旗鼓舞士氣。法國士兵受到她勇敢精神的激勵全殲了英軍，解救了奧爾良。奧爾良的勝利是整個百年戰爭的轉捩點。人民為了表達對她的敬意，尊稱她為"奧爾良少女"。

　　奧爾良大捷後，貞德又率軍攻下蘭斯，並在蘭斯大教堂為法國王太子加冕為國王。由一個不識字的農家少女給國王加冕，這一切簡直不可思議。她覺得自己的使命已經完成，要求回家去照顧她家的小羊，但所有人都懇求她留下。後來在一場戰鬥中貞德作戰失利，被俘後落入英軍手中。英國人組織了教會法庭審訊貞德，對她施行殘酷的折磨。據説她仍然拒絕穿婦女服裝，並依然聲稱聽到有"聲音"在召喚她。最後法庭以此為由宣佈她為"異端"、"女巫"，處以火刑。1431 年 5 月 30 日，貞德在盧昂廣場的火刑柱上就義。在場的一個英國士兵感歎道："我們糊塗了，燒死了一位聖徒。"

貞德其名法文原文為 Jeanne d'Arc，照音譯應為冉 • 雅克，但很少人這樣譯，而譯音不準的貞德倒成了固定譯名。因為中國人更看重這個譯名所體現的詞義，將"貞女德行"作為對她短暫一生的褒揚和肯定。貞德的故事反映的是愛國熱情和堅貞信仰激發出巨大力量的事跡，一個柔弱的鄉間少女居然能拯救處在危亡中的祖國。她的故事又處處透射出神秘的內涵，比如貞德總是感到有一個"聲音"在召喚她。這種現象在宗教信仰居於至高無上地位的當時是不足為奇的，她的行為要讓人感到有神秘力量允准和庇佑才有影響和號召力。當時交戰雙方都聲稱貞德有不同常人的地方，無論法國一方稱其為聖女，還是英國一方稱其為女巫，都在強調她神秘的一面。

聖巴托羅繆慘案

該畫刻意渲染的是聖巴托羅繆慘案發生之夜屠殺的混亂情景。天還沒大亮，早有準備的天主教徒在教堂鐘聲的召喚下，成群結隊或挨戶搜索，或沿街追逐，要殺盡城內的胡格諾教徒，表現出中世紀教派爭端中黨同伐異無理性的一面。

◄◄ 16 世紀畫作。對全景的描繪相當成功。

聖巴托羅繆是基督教傳說中的一個聖徒，信仰天主教的國家把每年的 8 月 24 日定為聖巴托羅繆節。

16 世紀，一場席捲整個西歐的宗教改革運動使天主教會分裂，一個名為新教的大教派從中分離了出去。在法國新教的信奉者又稱胡格諾教徒。"胡格諾"這個詞源自德文，意為"宣誓聯合的同盟者"。

分裂以後，天主教徒和新教徒之間經常發生仇殺事件。在法國，天主教徒和胡格諾教徒間的相互仇殺演變成了殘酷的宗教戰爭。這場殺戮持續了十年之後雙方表示願意和解。作為和解的標誌，由法國宮廷掌實權的王太后凱瑟琳 • 美第奇作主，讓信天主教的王妹瑪格麗特 • 華洛瓦與胡格諾教徒的首領、那瓦爾諸侯國君主亨利定婚，並定於 1572 年 8 月在巴黎舉行婚禮。這對雙方來說都是一個盛大的慶典，為此來自法國各地的上萬名胡格諾教徒雲集天主教勢力的中心巴黎城，他們中有不少胡格諾教徒中的顯要人物。

婚禮在 8 月 18 日舉行。國王的妹妹並不滿意這樁政治聯姻，但母命難違，她只得無可奈何地披上婚紗。婚禮之後許多胡格諾教徒仍滯留巴黎，就在這時爆發了這場大屠殺。這場屠殺真正的主謀者是垂簾聽政的王太后，她擔心胡格諾教徒久聚巴黎城不去而動了殺機。國王查理九世本不願這樣做，但他性格懦弱，在鐵腕太后的噓聲恫嚇和揮淚苦勸下被迫表示同意。

1572 年 8 月 24 日凌晨，巴黎幾萬名信仰天主教的市民夥同士兵對城內的胡格諾教徒進行了血腥大屠殺。他們按照事先畫在胡格諾教徒住處門前的白十字記號闖進屋去，亂殺還在睡夢中的胡格諾教徒。這一夜，包括許多胡格諾教徒重要人物在內的 3,000 人成了犧牲品。查理九世的妹夫亨利屠殺之夜住在盧浮宮內，因臨時改信天主教而得以倖免。繼巴黎大屠殺後，許多法國外省城鎮也發生了屠殺胡格諾教徒的事，至少殺了一萬多人。由此宗教戰爭再起，直到 1598 年法國國王亨利四世頒佈宗教和解的《南特敕令》後才告停息。

在這幅畫中，我們看到委拉士開茲在君命難違、情面難卻的壓力下，以小勝掩飾大敗，把嗜血屠伯美化為仁厚君子，使《布列達的投降》成為一幅與歷史事實全然不合的歷史畫。這種現象在歷史畫中並不鮮見，如在別的西班牙畫家的作品中，美洲的印第安土著居民帶着禮物來歡迎將給他們帶來滅頂之災的殖民者；在美國藝術家筆下，作為美國人形象大使的山姆大叔成了救古巴美人於水火之中的英雄，其畫外之意是要為美國從西班牙手中奪取古巴打下伏筆。這種歷史畫的非歷史傾向是我們在讀圖時需要特別留意的。

● 布列達的投降

　　這是對西班牙將領斯賓諾拉接受荷蘭戰敗者投降場景的描繪。遠處硝煙繚繞，一場戰鬥剛剛結束。畫面刻意表現兩軍交接，從畫幅正中劃為兩半，一方是荷蘭戰敗者，矛戈凌亂，戰旗偃伏，官兵們精神沮喪，目光獃板；另一方是西班牙戰勝者，矛戈林立，軍容整飭，官兵們面容欣喜，神情歡快。畫家着力渲染和平休戰的氣氛，西班牙將領斯賓諾拉笑容可掬，態度和藹地伸手撫慰彎腰前來投降交出城市鑰匙的對手。

◀◀ 畫面力求全景式地再現當時的場景，用這樣強烈的對比來表現勝負。

　　尼德蘭（今荷蘭）長期處在西班牙的統治之下。1566 年，殘酷的民族壓迫終於激起了當地人民的反抗。在這場長達幾十年的爭取民族獨立的戰爭中，西班牙屢戰屢敗，但在布列達這個無關緊要的小城，西班牙軍隊卻獲得了一次勝利。

　　在事情過去十年之後，西班牙國王腓力普四世命令宮廷畫家委拉士開茲畫一幅有關這場戰事的歷史畫，為自己樹碑立傳。1625 年 7 月，西班牙軍隊確實攻佔過這個遭到長期圍困的小城，但不久就被荷蘭人收復。這本不值得小題大做，但國王有令，宮廷畫師只能遵從，況且這幅畫的訂貨人就是當年指揮攻城的西班牙將領斯賓諾拉將軍。委拉士開茲與將軍私交不錯，礙於君命私誼，畫家用兩年時間認真創作了《布列達的投降》這幅畫，獲得極大成功，成為一幅名畫。

　　在畫家筆下，西班牙軍隊在尼德蘭似乎是令人崇敬的仁義之師。而歷史事實並非如此，西班牙對尼德蘭起義的鎮壓是很殘酷的，提出"寧留一個貧窮的尼德蘭給上帝，不留一個富裕的尼德蘭給魔鬼"。在布列達圍攻戰之前，西班牙駐尼德蘭總督阿爾瓦在指揮攻打尼德蘭的阿爾克馬爾城時曾發誓："如果我拿下這座城市，決心不留下一個活人，軍刀要刺向每個人的咽喉。"他要以屠城來懲罰對手。所幸的是阿爾瓦沒能破城，守軍才躲過了這場劫難。而安特衛普城就沒有這樣幸運，城破後有近萬居民被殺。西班牙人的暴行反而堅定了荷蘭人誓死抗爭的決心。濱海城市萊頓被圍，在城內已瀕臨彈盡糧絕的情況下，守軍毅然回答敵人："為了保衛我們的婦女、我們的自由和我們的宗教免受外國暴君的摧殘，我們每個人會吃掉自己的左手來保全右手。"在如此堅定的決心支撐下，西班牙大軍自然只能是一路敗績。

● 修道院情事

　　這是發生在修道院中的一件情事。修道院內廳的廊柱正好遮住床上一人的面部，而附近成群的修女們似乎對這樣的事已見慣不驚。

◀◀ 14 世紀歐洲版畫。畫面構圖含蓄，卻是當時社會生活的真實寫照。

　　在歐洲中世紀不乏本應獨身的教會修士逾矩偷情的事。當時歐洲各地修道院很多，其中不少是女修道院。它們本是婦女禁慾和虔修之地。修女要發"三絕"大願，即"絕財、絕色、絕願"。但在女修道院中卻常有紅杏出牆的事，修女們與男修士或其他男人相好。這樣交往往往會懷孕生子。在一個女修道院中，40 個修女共同養育她們的 19 個孩子，甚至在一些女修道院附近有叢葬私生子的墓地。故而當時社會上諷刺修女"上半身是聖母，下半身是凡人"。

　　更有甚者，9 世紀時竟然有一個教皇是婦女，她後來因為偷情懷孕敗露了身份。這個婦女叫瓊，生於英國，在德國科隆上學時與一個修士戀愛。她為了與男友相處喬裝為男子，在男友去世後成為教士。她因經常講經佈道，威望日增，853 年當選為教皇，稱約翰八世。瓊成為教皇後，愛上了管家、20 歲的金髮青年弗洛羅斯，並懷了孕。她本想躲避一時，但她的身份使她一直難以脫身。855 年的一天，在從羅馬聖彼得教堂到拉特蘭宮的列隊行進儀式上，她騎在馬上顛簸不已，突然感到肚子一陣巨痛。她被扶下馬，倒在大街上，在吃驚的人群面前，"一個早產嬰兒從教皇寬大的法衣中掉了出來"。在場的十位紅衣主教頓時驚獃了，圍觀的教民非常憤怒。她被綁在馬尾上，在大街上拖着走了一圈，又回到她丟乖露醜的地方，在那裡被用石頭砸死。

　　中國自古就有"飲食男女，人之大慾存焉"的説法，就是説只要是人就有性慾，即使是古之聖賢也難以例外。這就是舊語説的"聖人不廢男女"或"男女居室人之大倫"的道理。但在歷史上作為信某種宗教的神職人員則不行，按照教規他們需要禁男女情慾，如天主教的修士、修女和佛教的僧尼就是如此。情慾屬於"人之大慾"，本應"天命謂之性"，順着它而求偶、成家，但依照信仰又必須拒之，這就產生了源於本性和信仰之間的矛盾。如何解決這一矛盾？可以走虔修滅慾的路，也可以像古代禪宗某法師的詩中所説："貓兒叫春叫貓，聽它越叫越精神，老僧也有貓兒意，不敢人前叫一聲。"滿足於心中有意而不施之於行。還有一條路是乾脆破了規矩下山、還俗。

宗教裁判所

　　這便是令人髮指的宗教裁判所。教會的裁判法官高高地坐在上面，隨意給被指控的異端思想者定出罪名，而據以定罪的證據往往是刑訊拷打的結果。

◄◄ 西班牙畫家彼得羅 • 貝魯蓋特創作。

　　宗教裁判所是中世紀羅馬教皇和一些歐洲國家設立的，用以懲罰被認為是不正統的異端教派的機構。在人們的想像中，它是與恐怖手段、深夜密捕、酷刑折磨連在一起的。1252年，羅馬教皇英諾森四世發佈了可怕的教皇通諭——《論徹底根除異端》。根據這一通諭，在宗教裁判中可以使用刑罰。具體規定有：一、以酷刑折磨作為獲得招供的手段；二、以火刑處死；三、警察為誠信之所（即宗教裁判所）效力；四、沒收財產的原則適用於異端分子的後代。這就給宗教裁判所使用的最殘暴的非法手段冠上了神聖的名義。

　　宗教裁判所在濫施酷刑以獲取定罪口供上很有一套辦法。早期使用六種方法：水刑、火煎刑、倒吊刑、車輪刑、拉肢刑和夾板刑。水刑是大量灌水；車輪刑是把人綁在大車輪上，用錘子、棍棒敲打人身體，直至打爛；拉肢刑則是把受害者的手腳綁在木架上，然後通過轉輪拉緊木架，把人的身體用力拉直至斷裂；夾板刑是用厚木板夾腿，用力收緊繩子，嚴重的會使腿骨碎裂。在各國宗教裁判所中西班牙的裁判所最為作惡多端，其組織機構嚴密，效率很高。

　　經過刑訊認定某人有罪，就要處以刑罰，其中最嚴厲的處決是火刑。執行火刑也有一套程式。先給"犯人"穿上悔罪服，戴上尖頂的小丑帽，再把他押到火堆旁邊。為了防止"犯人"宣傳異端思想，往往會把他的嘴堵起來。當火堆熊熊燃燒時，"德高望重"的教民享有給火堆添柴加草的權利，據說這樣可以增加他的德行。捷克的宗教改革家胡斯就是被當眾綁在火刑柱上燒死的。在火焰熄滅後還要把"犯人"燒焦的屍體扯碎，骨頭敲碎。

今天宗教裁判所的年代已往矣，但用刑訊逼供以獲取定罪口供的做法還沒有絕跡。這就是至今我們還不能忘卻過去這段歷史而要時時保持警醒的一個重要原因。

羅耀拉晉見教皇

這幅畫是關於"聖徒"羅耀拉的，他正向羅馬教皇呈上他擬訂的耶穌會章程。在羅耀拉身後是一群不穿僧衣的耶穌會士。他們追隨羅耀拉，隨時準備聽候召喚，奔赴世界各地，為了教會的利益不惜採用任何手段。

◀◀ 這是意大利威尼斯蓋蘇教堂中的一幅壁畫。其作者未留姓名，只知道是 17 世紀當地的一位畫匠。

羅耀拉出身於西班牙的一個小貴族家庭，年輕時從軍，1521 年在作戰中受傷成了跛子。在養傷期間，他在讀書時受書中的一些聖徒故事的影響，決心向這些人學習。在養好傷後，他就隱身於一個修道院中，每日祈禱苦行。1534 年，他決心組織新的宗教團體以抵制新教運動，於是建立了一個名叫"耶穌會"的小團體，並制訂了耶穌會的章程《神操》。1539 年他帶人去羅馬晉見教皇保羅三世，他的想法得到了教皇的支持。

為了確立教皇的絕對權威，羅耀拉依照軍隊組織管理這個修會。修會成員對教會要絕對服從，《神操》中規定："耶穌會士必須與教會保持一致，如果教會把白的東西說成黑的，我們也應把它說成黑的。"其成員都要經過嚴格的訓練。在訓練期間，每人要進行自我折磨，戴着腰箍和鐵鏈，經常鞭打自己到出血的程度，以鍛煉超人的毅力。羅耀拉認為只要是為了教會的利益，任何手段，甚至暗殺、放毒、收買都可以採用，任何醜惡行為都可得到赦免。

與別的隱修會不同，耶穌會反對成員遠離世俗，隱居修行。它要求其成員深入社會各階層，不穿僧衣，出入宮廷，結交權貴，以擴大教會的影響。羅耀拉號召每個會員，為了主的榮耀，要準備到世界任何地方去。結果耶穌會員去東方傳教的人很多，明末清初來中國傳教的利瑪竇、南懷仁等人都是耶穌會士。羅耀拉為擴大天主教會的影響還提倡辦好教育。在耶穌會辦的學校裡，除講授神學外，還講授數學、天文學和其他世俗學問，教學的內容也有較高的學術水平。在這些學校裡培養出了不少學識淵博的教士。通過羅耀拉和耶穌會的這些努力，天主教會一時確也振衰起弱，又重新在一些歐洲國家站住了腳。

就歷史大勢而言，英雄造時勢的說法有誇大之嫌，但時勢造英雄卻是常有的事。在歷史大潮波瀾起伏甚至出現嚴重危機的時刻，往往也是呼喚英雄豪傑挺身而出的時刻。不過此處"英雄"的概念可予擴大，可用來指代歷史上出現的各種著名人物。羅耀拉便是這樣的人物。中國的曾國藩也是如此，在太平軍有摧毀清王朝統治大廈之可能的危急時刻，在湖南老家丁憂守制的京官曾國藩卻趁時而出，練出了一支兇悍的湘軍，終於得以挽大廈於將傾。

這幅畫值得玩味之處是其展現了早期東方人眼中的西方人形象,公允地說其形象還是客觀寫實的,沒有被扭曲和醜化。而在同一時期乃至以後西方藝術家的筆下,東方人的形象就在被渲染帶有異域情調的同時常有失真之處。

葡萄牙人在果阿

這幅畫描繪的是16世紀在印度果阿生活的葡萄牙人。畫中的背景遠處依稀可見西洋式建築。畫面上兩個葡萄牙女郎正在湖邊對坐飲宴，她們在異國他鄉過着閒適富足的生活。另有兩個侍立的姑娘在為她們服務。畫中坐着的年輕女子穿着帶白點的長裙，戴寬邊帽子，這是當時流行的葡萄牙服飾時尚。

◀◀ 畫風摻雜有東方風格，與當地裝飾意味很濃的細密畫相近，或許是受到一些西方藝術影響的印度人所作。

葡萄牙位於歐洲大陸西南角，處在加那利海流和東北信風形成的海上航路的邊緣。這就使它有了得天獨厚的航海資源，成為連接歐洲與亞洲、非洲和美洲的重要航海基地。葡萄牙人得地利之便，很早就長於航海。他們建造了自己獨有的"三桅三角帆船"，這種船質量不錯，一時間是世界上航速最快的船。

從15世紀初起，葡萄牙人開始了長達一個多世紀的海上探險活動，其中尤以亨利親王對航海最為熱心，他因而有了"航海親王"的稱號。1415年葡軍佔領了位於北非西北角的休達城，亨利親王以此為據點，組織船隊向非洲西海岸探航。1486年葡萄牙人迪亞士航行到了非洲最南端的好望角。1497－1499年，葡萄牙國王命令航海家達•伽馬率五艘船和200多名水手，沿着迪亞士開闢的航線繞過好望角直抵印度。在印度港口卡特利特，達•伽馬的船隊引起了轟動。很多印度人跑到船上，成百上千的男男女女跟着他們，達•伽馬一行好不容易才擠出聚集在港口的人群。

達•伽馬船隊帶回了許多珍貴的財物，賣出後利潤高達60倍。這樣獲利豐厚的航行以前在歐洲是從未有過的。

葡萄牙人還佔領了許多東方的商業口岸，如1511年佔馬六甲，1517年佔中國的澳門，其中也包括印度的重要商港果阿。在這些口岸，葡萄牙人熱衷於把自己的生活方式和宗教信仰移植到當地。僅在果阿一地，就有葡萄牙人建的80座教堂，其中神職人員多達三萬。葡萄牙在當地的殖民統治是殘暴的。據說印度人在談到他們時說："幸而葡萄牙人像虎狼一樣少，否則他們會消滅所有的人。"葡萄牙人數有限，不能把印度納入其殖民帝國，以後印度大部淪為英國殖民地，但果阿一地卻長期被葡萄牙佔領，直到20世紀中期印度獨立後才用武力收復了果阿。

哥倫布會見印第安人

這是描繪哥倫布與印第安人會面的一幅歷史畫。遠處的海面上停泊着哥倫布乘坐的三桅帆船。赤身裸體的印第安人怯生生地走近哥倫布和他的隨從。哥倫布對站在他面前的裸體女人印象很深，他清楚地記得，有一個姑娘年齡很小，其餘的也都在 30 歲以下。哥倫布攤開兩手似乎在向他們比劃着什麼。

哥倫布原籍是意大利熱那亞，少年時代就當水手，對遠洋探險很有興趣。他堅信從歐洲向西航行就可到達東方，希望能由他來進行這次遠航。他的遠航計劃得到了西班牙國王和王后的支持，他們願意出錢資助他組織船隊。1492 年 8 月 3 日，他率三艘船從西班牙起錨出航，進入大西洋中無人熟悉的海域。經過 36 天的航行他們越過大西洋，到達美洲巴哈馬群島中的一個小島。

一上岸，哥倫布遇見了印第安人中性格和善的阿拉瓦克人。這是一種哥倫布從未遇見過的人種，顯然與他想像中的亞洲人完全不同。他在《航海日誌》中這樣描寫他們："男人和女人都赤身裸體。他們身材很好看，體格健美，五官英俊動人。他們的頭髮又密又硬，就像剪得很短的馬的額鬃似的。有些人把自己塗成灰色，而他們本來的皮膚既不黑，也不白。"

這些人坐在獨木舟裡，用木條作槳，在水中飛快地划着。他們送來了鸚鵡、棉花球和白人沒見過的水果。有些土著人鼻子上掛着小金片，這些金飾物最讓哥倫布感興趣。水手們用金屬小鈴鐺、鏡子、盤子這些小玩意，甚至是沒用的東西像碎玻璃片，和土人換棉花、食品還有零碎金片。土人不帶武器，甚至都不知什麼是武器。有一次西班牙人把佩劍拿給他們看，他們不知道有危險，竟然用手去拿刀刃，結果把手給割破了。西班牙水手和印第安人之間的交流越來越頻繁，語言造成的誤解也越來越多。水手們拿出從西班牙帶來的東方香料給土人看，土人說他們這兒也有，但實際上根本不是一樣的東西。哥倫布認為他已到了印度，就把他遇到的這些人稱為"印第安人"，這種錯誤的叫法就這樣以訛傳訛地流傳開來。

人們常說，哥倫布發現了美洲大陸，而這個所謂"發現"應該打引號。美洲的土著居民印第安人有自己的文明，他們在那裡過着自給自足的生活，根本用不着外面的人來發現他們。1992 年，聯合國教科文組織發起紀念哥倫布首航美洲 500 周年的活動，就迴避了這個犯忌的"發現"一詞，稱之為兩大文明相遇在美洲。但這種相遇使美洲印第安人付出了沉重的代價，傳統的本土文明因此而湮滅。不管哥倫布的本意如何，這一後果給土著民族帶來了巨大的災難。

哥倫布榮歸

哥倫布榮歸西班牙，在宮廷中受到了國王和王后的接見。畫面上在簇擁的人群中，哥倫布向國王和王后介紹他帶來的印第安人。費爾南多國王幾個月前遇刺頭部嚴重受傷，這時他的身體還沒復原。伊薩貝拉王后居於畫的正中。

◄◄ 19世紀西班牙畫家德維里亞所作。與19世紀眾多的歷史畫一樣，其畫風是新古典主義的。色彩絢麗明亮，風格基本寫實，略帶些理想主義成分。

1496年6月，哥倫布遠航美洲成功後回到西班牙。這時雖然他只剩下一艘最小的船可用，但他已是聞名歐洲的人物。哥倫布也有意把他的歸來安排成一齣戲劇。

一上岸，哥倫布就試圖用奇特的異域風情來吸引西班牙人。他帶回了十個印第安人，讓他們頭插羽毛，臉戴鑲金面具，拎着鸚鵡和美洲的其他物產，在大街上緩緩走過，然後他再領着這支隊伍去宮廷所在地——巴塞羅納。

當哥倫布到首都後，王室舉行了盛大儀式來歡迎他。哥倫布又故伎重演，組織他導演的印第安土著文化表演。他的隨從帶着印第安人，拿出色彩豔麗的鸚鵡、金面具、珍珠和熱帶水果，組成一個奇異的展覽隊列。這些印第安人在哥倫布的調教下竟都向國王要求接受基督教洗禮。在哥倫布走上前來時，國王欠身去迎接他，並給他遞過來一把椅子。這在我們今天看來是平常的事，但在當時的西班牙宮廷卻是只有少數受國王寵倖的人才能得到的殊榮。哥倫布述說了一通他在美洲為帝國開疆拓土的艱辛。宴會結束後，國王下令宮廷全體大臣都來陪哥倫布回住處。國王讓哥倫布騎馬在他的一邊同行，讓王子在自己的另一邊。這個特權也只有王室重要成員才有權享受。

接着，朝中的高官顯宦爭先恐後邀請哥倫布去他們家中吃飯。西班牙大主教門多薩在舉行家宴時還親自當着哥倫布面品嚐飯菜，表示其中無毒，以示尊重。曾經有一個流傳很廣有關哥倫布在桌上豎雞蛋的故事，大約就發生在這時某達官貴人請他吃飯的時候。

伊薩貝拉王后是哥倫布遠航探險的積極支持者，就是由她力排眾議讓哥倫布才得以遠航美洲。甚至有一種說法認為當時已人到中年的王后對哥倫布的照顧已有逾矩之嫌。看來她對這種表演般的熱鬧會見是興致勃勃的。

印加末代國王

　　這是一次給印加王國帶來滅頂之災的會面。這次會面也可稱之為兩大文明的相遇。在畫中，走在前面的是西班牙遠征軍的隨軍神父，在他身後的是遠征軍頭目皮沙羅等人；在印加人一邊，他們的國王阿塔瓦爾帕坐在隨從抬的御用轎輦上。

◄◄ 作者大概是一位秘魯的土著藝術家，筆觸細膩稚拙，畫風兼有印第安藝術的傳統風格和歐洲繪畫的具象特徵。

　　16世紀以前，在今天秘魯境內，有一個繁盛的印第安人建立的帝國，這就是印加帝國。但在1532年，幾乎是在一天之內，這個疆域遼闊的帝國就在200多名西班牙遠征軍的打擊下覆滅了。

　　1532年，西班牙遠征軍頭目皮沙羅率領200多名士兵，帶着兩門大炮和50匹戰馬，直指印加帝國。1532年11月16日，印加帝國國王阿塔瓦爾帕在大批隨從的護衛下，在一個廣場上與皮沙羅會面。他們事先已派使者商量好了會見的地點和時間。在阿塔瓦爾帕先與一個西班牙隨軍神父見面時，這個神父遞給他一本《聖經》，勸説他改信基督教並服從西班牙國王。印加王惱怒地回答："我決不向任何人稱臣！也決不改變自己的信仰！"這時皮沙羅按照事先約定的進攻信號，揮舞一條白頭巾。看到信號，埋伏在周圍的西班牙士兵立即開槍開炮。西班牙騎兵和步兵迅速出擊，各自為戰，衝進印第安人中東劈西砍。當地人都沒帶武器，被出其不意的奇襲嚇得獃若木雞，任人砍殺。印加王是主要的襲擊目標，大屠殺在他周圍激烈地進行。印加貴族試圖用人牆不讓西班牙人靠近自己的國王，一人被砍倒，另一人又挺身而出。最終皮沙羅和幾名士兵把印加王從金御輦中拖出來，擄作人質。混戰中印加人死了2,000多，而西班牙竟無一人傷亡。

　　阿塔瓦爾帕聽説西班牙人喜歡金銀，就提出要用金銀贖身。他説可以把黃金堆到他的手夠得着的高度，説着他還伸手在牆上比劃。皮沙羅表示同意，還在牆上印加王比劃的地方劃了一條紅線；另外還要放滿兩房間的白銀。為了使自己的國王獲釋，印加人從各地送來金銀。但西班牙人在獲得贖金後，卻食言判處阿塔瓦爾帕死刑。這位末代印加國王臨死前被迫放棄自己的信仰，接受基督教洗禮，然後被繩索勒死。

從根本上説，印加帝國覆滅的原因是這兩大文明的發展處在不同的水準，尤其表現在與守疆禦敵息息相關的武器裝備方面。從兵器上來看，西班牙人使用熱兵器的槍炮，印加人使用冷兵器的刀矛。西班牙騎兵的馬是印加人從沒見過的東西。這就使得在歐洲人入侵時印第安人難逃亡國滅種（儘管未被滅盡）的大禍。就事論事而言，印加帝國一日而亡慘劇的發生還與西班牙人的欺詐用計有關。

瑪雅凱旋式

　　這是博南帕克壁畫《凱旋圖》的局部，描繪的是瑪雅統治者在作戰勝利後凱旋時的場景。在圖中可以看到王室的儀仗隊伍在逶邐向前，國王的隨從們一個個都頭戴高聳的頭飾，身着盛裝，畢恭畢敬地手舉儀仗用品依次護駕而行。

◄◄　即使從今天的藝術水準來看，這幅古印第安人畫作體現出的藝術造詣也是令人讚歎的，其素描的基本功和透視的表現手法相當成熟。另外瑪雅藝術家似乎偏愛在勾線平塗的畫面上使用濃烈的色彩。明亮鮮麗的大紅、橘黃、翠綠、深藍顏色和諧地融為一體，寓圖案風格的一致性於強烈的色差對比之中，使畫面具有極強的裝飾意味。

　　在哥倫布"發現"美洲之前，美洲土著居民印第安人就在那裡獨立地創造出了自己的文化。就大的區域而言，其文化至少有在今天墨西哥境內的瑪雅文化、阿茲特克文化，在今天秘魯境內的印加文化。至於其他較小的文化，那就如同滿天星斗，不可勝計。阿茲特克文化和印加文化都在 16 世紀毀於西班牙殖民者之手，而瑪雅文化在此之前已經由盛而衰，趨向沒落。儘管其壽不永，但平心而論，在古印第安人三大文化中，瑪雅文化的文明程度是最高的。瑪雅人有自己獨特的象形文字，因其過於複雜一直難以釋讀，直到 20 世紀中期破譯工作才有較大的突破。另外，瑪雅人還是古印第安人中最注重敘述自己歷史的民族，不但用他們獨有的瑪雅文記載，還擅長用大幅圖畫記錄。在這類瑪雅歷史畫中，最有名的是博南帕克壁畫。

　　1946 年，美國考古學家在墨西哥原始森林中，發現了一個被遺棄的瑪雅小鎮——博南帕克。這個與外界已隔絕了 1,000 多年的古代廢墟，卻保留下來了最精湛的古印第安人繪畫作品，主要是壁畫。

　　這些壁畫主要集中在一座由三間房組成的建築中。每間房裡畫滿了壁畫，畫中人物高達一米多，比真人略小。這些畫構成了一個完整的故事，主要是記載瑪雅貴族的政治生活。瑪雅的官方史家用圖像記述了在他們身邊發生的重大事件。

自 16 世紀西班牙殖民者進入美洲後，視瑪雅人的手抄本和畫作為"邪惡的"、"醜陋的"，是與基督教不容的異端邪說，對這些文化珍藏大肆毀壞。瑪雅留下的手抄本除少數倖存外盡被西班牙人焚毀。如果博南帕克壁畫早被發現，在西班牙征服者求同不存異精神的荼毒之下，我們就會無緣見其絢麗的真容。對此我們似應感謝大自然存古的偉力。

成吉思汗

此畫描繪成吉思汗的征戰生涯。雖然畫的是成吉思汗和他麾下的蒙古武士，但人物形象卻與蒙古人種不同。這種歷史人物在圖像中變臉的情況正應了一句西諺："在100個作家筆下有100個哈姆雷特。"

◄◄ 中世紀波斯歷史學家拉施丁的著作《史集》的插圖，波斯細密畫。

對蒙古人來説他們民族最大的英雄是創立蒙古帝國的成吉思汗。成吉思汗原名鐵木真，12世紀中葉出生在蒙古的一個部落首領家庭。在他幼年時父親被害，他由母親養大。鐵木真年輕時為恢復父親的事業，聚攏部落殘部，逐漸壯大力量。以後經連年征戰，鐵木真終於削平群雄，統一了全蒙古。1206年，在斡難河源頭他被蒙古各部推舉為"成吉思汗"，意為"海洋王"。這時金朝把蒙古當作附屬國，成吉思汗立志改變這種屈辱的地位。1211年，他登上山坡對天祈禱："長生蒼天，賜給我勝利吧，現在要出征，去懲罰金人！"接着，他精選3,000鐵騎南下，大敗金兵，迫使金人不得不以恭送公主金帛來求和。

1219年，有一支蒙古商隊經過花剌子模，被當地守將殺害。成吉思汗親率20萬蒙古大軍復仇，去攻打中亞強國花剌子模，獲勝後又繼續西征，前鋒直抵歐洲東部。西征返回後成吉思汗又決心滅掉西夏。在圍攻西夏京城的最後時刻，他得病去世。因蒙古人埋葬時不留封土，而是用馬將墓地踏平，所以他的墓在何處現在已成歷史之謎。

成吉思汗一生征戰，他常對部下説："人生最大的樂趣，就是戰敗敵人。追奔逐北，奪了他們的戰騎，把他們的妻女抱在自己懷中。"這充分反映出遊牧民族對農耕民族侵擾掠奪的一面。不過，成吉思汗除長於武功外也重視文治。他頒佈了蒙古法典《箚撒》，還讓人創制蒙古文字。在成吉思汗去世後，他的後代繼續征戰，使蒙古成為橫跨亞歐的龐大帝國。

遊牧民族的征戰，究其深層原因，與其生存環境有關，如降水的豐枯和土地的肥瘠。常常是流動性大"逐水草而居"的遊牧民族憑藉軍事上的優勢，不斷侵擾較為富庶的農耕地區。而遊牧民族文化上的弱勢卻又很快使他們在軍事征服成功的同時融入農耕世界。這種現象在歷史上周而復始，多次出現。最具世界性影響的遊牧民族是蒙古民族。

阿克巴

　　這是印度君主阿克巴騎着大象在隨從簇擁下出巡時的情景。阿克巴安然坐在象轎中，他的身材顯得要比周圍人高大，隨從們都穿着色彩斑斕的禮服。按照阿克巴的用人原則，這些隨從應該是既有穆斯林，又有印度教徒。

◄◄ 印度細密畫。線條細膩，筆法純熟，設色富艷，有很濃的寫實意味。

　　印度居民大多信奉印度教。但在印度歷史上，曾由信仰伊斯蘭教的外族建立過兩個強大的帝國，這些外族都來自北方的中亞。在這兩個帝國統治時有許多印度人改信伊斯蘭教。這兩個帝國是德里蘇丹國和莫臥爾帝國，其中尤以後者更為重要。莫臥爾帝國的創建者巴布林是一個中亞的突厥人，據說有蒙古人的血統。所謂"莫臥爾"就是"蒙古"一詞的異讀。他是用武力征服在印度建立帝國的。而繼續開疆拓土統一印度的則是莫臥爾王朝的第三代君王阿克巴。

　　阿克巴是印度歷史上繼古印度的阿育王之後最卓越、最有作為的開明君主。1556年他13歲時登基成為皇帝，當時國內四分五裂。阿克巴一生忙於征戰，他有一句名言："既為帝王就應該專心於征略，否則，他的鄰國就會起兵打他。"經過40多年的征討，阿克巴控制了印度的北部和中部，印度達到了空前的統一和繁榮。除用武力統一國家外，阿克巴在國家管理方面也政績卓著。在這方面他最關注的是推行一種懷柔寬容的民族宗教政策。

以前德里蘇丹國的穆斯林貴族歧視印度教徒，他則一改這種錯誤做法，在官員任命上平衡任用印度教徒和穆斯林。他稱自己是穆斯林和印度教徒共同的君主，允許被迫改信伊斯蘭教的印度教徒恢復原來的信仰。由於阿克巴在推行民族宗教政策上的成功，他被印度教徒譽為"世界的領導者"。

　　阿克巴酷愛繪畫，他在宮廷裡養了100多位畫家，專事宮廷畫。宮中每月還舉辦三四次畫展，對每次展覽他都要加以品評。這些畫作的題材都是朝見、宴樂、狩獵、出征一類的宮廷生活。

阿克巴的宗教寬容政策，改變了印度當地居民把莫臥爾人當作外來入侵者的成見，有助於他鞏固帝國。可惜的是後來的印度人常常缺乏阿克巴當年所具有的宗教寬容精神。

君士坦丁堡的陷落

我們看到的是傾覆拜占廷帝國的君士坦丁堡圍攻戰。圖上臨近堅厚城牆的軍艦是土耳其人從黑海拉過陸地進港灣的，目的是要形成對這座城市的嚴密包圍。

◀◀ 此畫屬於東方的細密畫類型，與中國精描細繪的工筆畫有異曲同工之妙。畫中對城池、山巒、港灣的畫法如同沙盤中的模型，重在示例會意而不是精確寫實。

西元 476 年，西羅馬帝國在日爾曼各大部族的打擊下滅亡。這時拜占廷帝國（東羅馬帝國）繼承了希臘羅馬的古典文化，仍控制着原羅馬帝國的東部。這個後起的帝國歷經千年興衰，終於到 15 世紀中期在新崛起的土耳其人的多次打擊下，版圖只剩下首都君士坦丁堡和附近的一些殘山剩水了。

1453 年，雄心勃勃的土耳其年輕蘇丹穆罕默德二世決心攻下這座世界上最堅固的城堡。他率領 15 萬大軍團團圍住君士坦丁堡，斷絕了它與外界的聯繫。起初攻城很不順利。土耳其人先把大炮列成長陣集中對準某段城牆轟擊，但轟開的城牆很快就被守軍修復。穆罕默德二世還採用了挖地道的辦法，但這裡的地面多岩石，而且土耳其人挖的地道都被城裡的守軍阻斷或破壞了，攻城用的活動塔樓也被燒掉。幾次總攻都不能奏效，蘇丹一時感到無計可施。

另外海上的封鎖也有漏洞，穆罕默德二世想出一個大膽的主意，把他的輕型艦隻從陸路拉入港口。土耳其人修了一條十多公里長的平板路，為了讓它更光滑，在上面還塗上油。就這樣有 80 艘輕型軍艦被從黑海海峽拉上岸，直拉入金角灣港口內的淺水區。這樣對君士坦丁

堡的圍困就非常嚴密。經過 40 天的圍城後，君士坦丁堡的厄運已無法避免。日益減少的守軍在兩面夾擊中幾乎完全耗盡，城牆多處被打開缺口。在最後時刻來臨時，土耳其蘇丹向士兵許諾，他要在城破後，"把俘虜、金銀財寶和美女全都拿來作為對你們英勇的獎賞；首先登上君士坦丁堡城頭的勇士將被獎以掌管帝國內最美好、最富有的省份"。而在城裡的守軍卻大聲抱怨皇帝過於固執不肯投降。

5 月 29 日清晨，土耳其人以幾十倍於守軍的數量從水陸兩路全力攻城。到處都響起了土耳其人的大炮聲，一段段雙層城牆在猛烈的炮擊中成為一片亂磚。穆罕默德二世騎着馬，手持鐵權杖，親自督戰。在他周圍恐怖和痛苦的叫喊聲被軍鼓、軍號和銅鼓的樂曲聲淹沒。在關鍵時刻，蘇丹下令他的最精銳的萬人近衛軍投入攻城。很快城牆和塔樓上爬滿了土耳其人。在絕望中，一直在城頭指揮作戰的拜占廷末代皇帝脫掉紫袍，高呼"我要與城池共存亡"，在亂軍之中被殺死。穆罕默德二世進城後命令禮葬這位不幸的末代君王。君士坦丁堡很快成為土耳其人奧斯曼帝國的新都城。

▲ 此畫是英國畫家維索普留下的，創作於事件發生當年。

處決英王查理一世

這是一幅有關查理一世被處決的歷史畫。畫面正中劊子手提着查理一世的頭在向圍觀的人展示，人們群情激奮，有一個同情國王的婦女因受不了血腥的場面當場昏厥倒地。畫幅兩側四幀較小的畫中畫都與這一事件有關，或是國王被押往刑場，或是為國王收屍。有趣的是右上角的小圖畫的是查理一世本人手持利斧，提着自己被砍下的頭，其寓意或許是表示這樣的結果是他本人咎由自取。

由 1640 年爆發的危機引發的英國內戰又被稱為英國革命。這一事件有重大的歷史意義，在不少史書中被當作是世界近代史的開端。在這場革命中，英國國王查理一世被臣民開庭審判，並當眾砍掉了腦袋。像這樣原先被看作叛逆弒君的事以前是沒有的。

據史料記載，查理一世"儀表堂堂，舉止十分得體，有着莊重穩健的性格"，應該說不屬於"昏君"一類，但恰恰就是他最終不得善終。事情的起因是查理一世與議會發生了尖銳的衝突，具體體現為個人獨裁與代議民主間的衝突，導致雙方兵戎相見。在內戰中王黨軍隊戰敗，國王成為階下囚。1649 年 1 月 6 日，議會組織了一個由 135 名審判員組成的法庭，專門審判國王，議會軍領導人克倫威爾實際主持其事。但列名的審判員中有許多人反對進行這種前所未有的審判，結果開庭時只有 53 人出席。

在審判時，查理一世拒絕承認這個法庭的合法性。他不脫帽，不回答問題，也不聽控訴。圍繞判決審判員爭論激烈，有人要求判處國王死刑，另一些人堅決反對。在法庭上，克倫威爾極力向搖擺不定的審判員們說明處死國王的重要意義：如果仍讓國王活着，事情即使不會更壞，也決不會有改善，為了人民的幸福必須判處國王死刑。激進的審判員奧利弗宣稱："我們應該把國王的頭和王冠一起砍掉。"言下之意是要廢除君主制。結果法庭控告查理一世實行暴政，兩次挑起內戰，破壞國家安寧。1 月 26 日作出判決：查理·斯圖亞特作為暴君、殺人犯和英吉利國家的敵人，應予"斬首"。聽到判決查理一世居然只是微笑，一聲不響。

1 月 30 日，查理一世被帶出牢房，押往刑場。克倫威爾本來以為他會拒絕服刑，準備了用來捆他的繩子。而國王面帶笑容看了這些東西一眼，從容赴死。劊子手一刀砍掉了他的腦袋，並提着給聚集在刑場上的人看。人群中有人喊道："這是一個叛國者的頭！"克倫威爾意味深長地說："他原本是可以長壽的。"

沃爾夫之死

　　此畫再現了沃爾夫在殖民戰爭中安然"就義"的場面。出場人物與歷史相合，包括他們穿着的服裝與各種細節。畫上出現了許多軍官，圍在仰臥着的沃爾夫兩側。在他身後，有人拿着捲攏的英國國旗米字旗。遠處瀰漫着戰火硝煙，地平線上浮動着一團團烏雲作為襯托。在左邊一簇軍人的前面，有一個作探子的印第安人，使場面顯得具有美洲地方特色。

◀◀ 英國畫家本傑明・韋斯特創作。用的是現實主義手法，整個構圖勻稱，人物分佈均衡。韋斯特注重描繪英國在北美殖民地的歷史活動。他是英王喬治三世的上賓，是宮廷聘用的歷史畫家。他一生中畫過大量近代歷史題材的畫作，這一幅最有代表性，反響也最強烈。

　　18世紀中葉英法兩國之間爆發了一場爭奪殖民地的戰爭。英國決定攻打法國在北美的主要據點魁北克，英軍的司令官是沃爾夫。1759年9月的一天，沃爾夫在一次夜襲時，帶領4,500人沿偏僻小道登上守備薄弱的亞伯拉罕高地，兵臨魁北克城下。這時沃爾夫是抱病上戰場的，他似乎有一種預感，認為即將發生的戰事既會給他帶來榮耀又會給他帶來不測。他常在軍官們面前背誦英國詩人的詩句："墳墓是榮耀的惟一歸宿。"

　　天亮時，法國人驚訝地發現，身穿猩紅制服的英軍已擺開長長的橫列陣勢，俯視着魁北克。法軍統帥馬上意識到，英軍完全可以把大炮運上來，輕而易舉地逼迫法軍投降。於是他立即調集法軍主動進攻。法軍槍上上了刺刀，分成三隊拚命向前衝，等到相距50米時英軍突然齊射，打得法國士兵愕然止步。英軍隊列再向前邁進幾步，又是一陣齊射。時間不長戰鬥即告結束，法軍傷亡1,400人，剩下的人四散奔逃。在激烈的戰鬥中沃爾夫負傷，他堅持繼續指揮，直到據點被攻克才死去。他在臨死時喃喃地説："感謝上帝，我將平靜地歸天。"

　　英國在近代建立了世界上最大的殖民帝國，遍佈五洲。在帝國創建過程中，也出現了不少為拓展這一"日不落帝國"立下汗馬功勞的英國人。在一些有着昔日帝國情結的人看來，他們是值得歌頌的英雄；而在被侵略的當地人心目中，他們就是另一種形象了。

● 克萊武接見印度王公

　　這幅歷史畫的主人公是克萊武。他在普拉西戰役後，志得意滿地接見了向他表示臣服的印度王公米爾•賈法爾。這幅畫帶有象徵意味，正中有一面英國國旗，暗示印度已歸在英王轄下。以這面國旗為界，畫面分為兩半，右半為土著的印度一邊，左半為外來的英國一邊。着刺繡絲綢服裝的印度王公躬身向穿猩紅軍服的克萊武攤開雙手，以示恭順。兩邊對稱地安置了不同的動物——象和馬，也帶有象徵含義。後來克萊武還專門找了一頭披上甲冑的印度大象作為戰利品，讓兒子和女婿送回英國，以向國人誇耀他的征服之功。

　　羅伯特•克萊武本是英國一個默默無聞的青年，但他後來卻在印度大顯身手，成為建立英屬印度殖民地的關鍵人物，由一個本鄉的無賴子變成在異域為英國揚威的帝國英雄。

　　克萊武出生在一個鄉村律師家庭，少年時學業不佳。在家鄉的小鎮上，他常糾集一夥無賴少年，呼嘯過市，向商販勒索幾個小錢。讀書不成，18歲時他去印度充當英國東印度公司的小職員。他對公司的例行公事不感興趣，據說兩次因厭世而想自殺，但手槍都未打響。24歲那年當兵，逐漸顯示出了軍事才能。1751年9月，26歲的克萊武率800人的小隊伍，帶三門野戰炮，攻下了阿爾科特的城堡，然後堅守達50天之久，自己親自操炮，頂住了萬人大軍的進攻。進攻的印度人用大象在前面開路，但大象禁不住從城堡裡射出的子彈的掃射，轉身四處奔逃，反而踩死了不少印度人。1756年6月，孟加拉的印度官員西拉傑包圍加爾各答，有一批東印度公司的英國人被俘。印度人把146名俘虜塞進一間黑房子裡。第二天清晨，牢門打開，只有23人活着，其餘人都因房子太小窒息而死。這就是歷史上有名的"黑洞事件"。這一事件成為英國繼續發動侵略戰爭的藉口。克萊武被派率軍遠征孟加拉。

　　1757年6月，克萊武率近3,000人的遠征軍在孟加拉的普拉西與西拉傑五萬人的大軍相遇。英軍的密集炮火使對方損失慘重，不得不逃走。這一戰役在歷史上被認為是英國征服印度最關鍵的一仗。當時克萊武得意洋洋地宣稱："可以毫不誇張地說，整個莫臥爾帝國現在都已牢牢地掌握在我們手中。"克萊武在孟加拉大發橫財，等他回到英國時已成了國內屈指可數的大財主。

英國的殖民帝國是以幅員不大的英倫三島為中心向世界各地擴展而建立的。在殖民者心目中，英國的制度、文化、習俗乃至英國的一切都是最好的，足以成為所有殖民地仿效的楷模。他們對帝國的拓展和鞏固也就是使之"英國化"的過程。英國詩人吉卜林一生多在殖民地度過，自認對帝國感情篤深。他自詡英國人在殖民地有著崇高的使命感，目的就是要教化當地人，並大言不慚地認為這是"白人的負擔"。實際上，不少殖民地的文明開化時間比宗主國英國要早得多，當倫敦還是小村落時，在埃及和印度就已出現了繁榮的城市。

英國人在印度

　　該畫描繪的是在印度擔任高級文官的英國人托德的生活。他坐在印度傳統的交通工具象轎中，在成群印度隨從簇擁下正在巡視他管轄的地區。說不準他屬下的範圍就有半個英國那麼大。

◄◄ 印度本土的無名藝術家創作。作者顯然沒有受過西方學院派的藝術教育，筆觸顯得有些稚拙，仍看得出他受印度細密畫構圖精細傳統的影響很深。

　　在英國各殖民地中，印度有着特殊的地位，面積最大，人口最多，被譽為英國王冠上最璀璨的一顆寶石。1900年擔任英屬印度總督的寇松曾說："我們失去所有的領地後仍能生存下去，但如果失去印度，我們的太陽就會隕落。"據說在第二次世界大戰初期，英國一度面臨納粹德國入侵的威脅，戰時首相邱吉爾曾有個計劃，如果英國本土一旦失陷，政府就遷往印度繼續領導對德作戰。

　　英國人在印度推行的是英式管理制度。在各級政府機構任職的官員必須通過在倫敦舉行的文官考試，考試用的語言是英語，印度人除非在英國上學否則根本就不能通過這種考試。因而在印度實際上只有英國人才能出任文官，而且大多是牛津、康橋這些名校的畢業生。在印度的英國文官人數不多，只有1,000多人，但他們管轄了偌大的印度。有些只有20多歲的年輕人已統治着上百萬的印度人。

　　這些自認是"天之驕子"的英國人在印度過着優裕封閉的生活，他們的時間都消磨在辦公室和俱樂部裡，很少與當地人有社交往來。英國人與當地人之間一種密切的私人交往是為孩子僱用印度奶媽，只有在這一點上英國人不在乎種族差異。這些印度奶媽對非己出的白人嬰兒都疼愛有加。白人孩子長大後一般都要送回國接受教育，因為據說在印度學校培養出的孩子缺乏紳士風度，這會斷送日後姑娘們婚姻上的機遇和小伙子升遷的機會。殖民者還極力把英國文化帶到印度，他們住在歐式的豪華建築中，有與本國同胞交遊的大會客廳。他們創立板球、網球、高爾夫球和馬球等體育俱樂部，但不讓印度人參加。他們還保持着英國傳統的狩獵愛好，捕殺在英國很少見到的老虎、黑熊、野豬等猛獸，而在英國就只能捕獵像紅狐這樣的小獸。總之在印度生活的英國人成了一個與當地人格格不入的特殊階層。

納爾遜陣亡

　　這幅有關特拉法加海戰的歷史畫定格在納爾遜中彈受傷時的一瞬間。當時海戰用的都是帆船，船上有高聳的桅桿。作戰方式除遠距離炮擊、近距離槍射外，相互撞擊和跳幫格鬥都是常用的戰術。從畫面上可以看到軍艦甲板上一片混亂，許多水兵在舉槍射擊，有人在給舷炮填充火藥。在船舷一側，身穿軍禮服的納爾遜中彈倒地，幾個軍官連忙上前試圖扶起他。納爾遜掙扎着躬起身，似乎想説些什麼。生離死別之時，最讓他放心不下的還是他的心上人——漢密爾頓夫人。

　　納爾遜出生在英國一個海軍世家，少年時就開始了海上生涯，多次參加海戰，先是在一場海戰中右眼受傷失明，後因戰功卓著，被逐級提升為艦隊司令。1797 年 7 月，在一次登陸戰中納爾遜右臂受了重傷，軍醫為他做了截肢手術。對此殘肢之災，他一點也不沮喪，寬慰同僚説：“我還有兩條腿和一隻胳膊呢！”很快，他指揮艦隊全殲了送拿破侖去埃及的法國艦隊。在尼羅河海戰中他前額受傷，乘旗艦去那不勒斯療養。在那裡，英國駐兩西西里公國公使的夫人埃瑪•漢密爾頓對他關懷備至，由此兩人產生了感情，戀戀不捨，導致了納爾遜家庭的婚變。

　　1805年，拿破侖計劃攻打英倫三島，他動員了20萬大軍準備渡海作戰。但讓他苦惱的是法國沒有一支能與英國抗衡的艦隊，儘管他大力加強法國海軍建設，但仍明顯處於劣勢。不過拿破侖必須要藉助海軍才能打敗英國。

　　10月21日，拿破侖派出的法國和西班牙聯合艦隊與英國艦隊在西班牙海岸加的斯港西面的特拉法加相遇。交戰前，納爾遜命令打出旗語：“英國期待人人恪盡職守。”英國戰艦首先進攻，打亂了敵艦的隊列。當納爾遜在旗艦甲板上指揮作戰時，一顆子彈打中他的肩膀，並嵌入脊柱。納爾遜身穿海軍上將軍服，胸前的勳章耀眼，成了醒目的目標。他被抬入船艙，在彌留之際納爾遜想起了漢密爾頓夫人，託人要好好照顧她。戰鬥仍在進行，到這天下午已有 22 艘法西聯合艦隊的艦隻投降或被毀，其餘紛紛逃竄。當勝利的消息報告給納爾遜後，他卻因傷勢過重而去世。

　　這一戰役對英國極為重要，如果是法國獲勝，擅長陸戰的拿破侖一旦率領大軍渡過海峽，英國的命運就難以預料了。

歐洲三大工人運動，分別為法國里昂絲織工人起義、德國西里西亞織工起義和英國憲章運動。其中兩次是動用武力的起義，而只有在英國，無產者是以名為"憲章"的請願書而不是以槍炮提出自己的要求的。

英國憲章運動

在畫面上，一支龐大的遊行隊伍經過通衢大道。這是英國的憲章派，他們正要把請願書送到議會。為渲染氣氛，遊行隊伍彩旗飄揚，鼓樂喧天，忙碌了幾個月徵集了上百萬人簽名的請願書有幾大捆，被安放在馬車裡。有許多人在街上圍觀，據說很多外地人還特意從鄉間趕到倫敦來看熱鬧。

◀◀ 這幅畫是一張全景圖，描繪精細。畫家把目擊到的一切都忠實描摹下來，重在存真，而不在展示技法。這種圖畫從藝術史的角度看或許沒什麼地位，但從歷史圖像文本的視角來看，就有非常重要的價值。

所謂"憲章"實際上是當時英國工人提出的一份書面文件，目的是要實現普選權，把選民擴大到所有成年男子。值得注意的是為什麼英國工人如此看重只是投下一張選票的選舉權？關鍵在於與其他國家相比，英國選票的分量最重。根據英國政治制度，選民選的是各選區的議會下院議員，而在下院佔多數議席的黨派可順理成章地組織內閣。黨的領袖自然也就是執掌國家大權的內閣首相，而名義上的國家元首英王大家都知道是沒有實權的虛君。正因為選舉權的擴大對政權的組成至關重要，英國工人才這樣期望得到它。

1838 年，憲章派提出名為"人民憲章"的請願書，主要內容有六點：年滿21歲的男子有選舉權；無記名投票；對候選人不應有財產資格限制；發放議員薪金；平均分配選區；議會每年改選。核心都圍繞着擴大選舉權，完善選舉制度。工人的目的是想通過獲得選舉權進而影響政治，他們企圖涉足國家的政治運作，當權者當然不願與他們分享權力。

1839 年，有 125 萬人在請願書上簽名。請願書痛陳英國面臨的困境，堅持認為："普遍選舉必將給國家帶來真正的持久和平，我們堅信它會帶來繁榮。"5 月 7 日，憲章派領導機構把請願書送交議會，可以想見議會肯定不會採納。1842 年，憲章運動又掀起一次高潮，330 萬人在請願書上簽名。請願書被送到議會時，議員們議論紛紛，不少人認為這是要剝奪有錢人的財產。在表決時請願書遭到否決。1848 年，憲章派第三次掀起運動高潮。據憲章派稱這次有570 萬人簽名，經審查實際只有197 萬人的簽名，其中有些簽名還是"維多利亞女王"、"威靈頓公爵"等名人的名字，還有許多是假冒的名字，如"獅子鼻"、"長鼻子"、"駝背"、"矮胖子"。這樣送請願書自然又是不了了之。

辦國際博覽會以推動商業發展，在今天已是常有的事。若要論世界上最早舉辦的最有影響的一次國際博覽會，當推1851年的這次倫敦大博覽會。

倫敦大博覽會上的中國人

畫中可見 1851 年倫敦大博覽會開幕時的盛況。在高聳的大廳中，大樹原樣生長，女王位於正中，她深情摯愛的丈夫艾爾伯特親王着紅色制服站立在她身旁。站在大廳兩側的分別是本國的達官貴人隊伍和外國的外交官隊伍。在畫中還可以見到一個站在外交官隊伍前列的中國人。

◀◀ 英國畫家亨利・塞倫斯的油畫。整個畫面着力渲染博覽會恢弘熱烈的氣氛。

舉辦這次博覽會的主意是由英國維多利亞女王的丈夫艾爾伯特親王提出的。他設想，這次大型博覽會陳列的展品應該包括世界各國出產的原料、機器、新發明以及各種反映民族特色的藝術品。英國內閣批准在倫敦市中心的海德公園劃一塊地作為博覽會會址。為了縮短工期，艾爾伯特選中園藝溫室設計師帕克斯頓提出的建築方案，造一座用鑄鐵作支架的玻璃展廳。建築工期只用了六個月，而展廳面積卻是施工幾十年的羅馬聖彼得大教堂的四倍，並把原地的所有樹木都包容在內。該建築因其鐵架玻璃的結構被人稱為"水晶宮"。

1851 年 5 月 1 日，博覽會開幕。英國展品以機器和工業品為主，外國展品則多是當地特產。小說《簡・愛》的作者勃朗特女士參觀了展廳，讚歎道："這裡簡直像魔宮，但這樣的魔宮彷彿只有東方的《天方夜譚》中的魔鬼才能創造出來。"維多利亞女王和艾爾伯特親王伉儷親自出席並主持了開幕式，當時的場景極為壯觀。女王在當天的日記中用不連貫的句子激動地寫道："高高飄揚的萬國旗；會場廣闊無邊，人頭攢動，陽光透過屋頂照射進來；棕櫚樹和機器；首相熱淚盈眶。"在開幕式上，由 600 人組成的合唱隊正在放聲高唱時，發生了一件引人注目的事。有一個身穿全套清朝官服的中國人走到場地中央，慢慢走向女王夫婦，向女王行禮。女王很受感動，認為他是來自中國的一位重要官員，就傳下話來：既然中國沒有派來代表，就讓他代替加入各國外交官隊伍觀禮。於是他就很嚴肅地與各國大使一起，站立在大廳一側。

1851 年時中國大清王朝還沒向歐洲國家派出過使節，那麼這個出現在大博覽會上的中國人是誰，以前一直是個謎。2002 年年初上海圖書館專家在家譜中查到，這個中國人名叫徐德瓊。他是上海開埠後第一批去上海經商的廣東人，1851 年他帶着中國特產"榮記湖絲"去博覽會參展，並有所獲。他可能按當時中國官場的習俗捐過官，故而有全套官員朝服。

早在古埃及，法老尼柯就設想要開挖一條貫通尼羅河和紅海的運河，但當他聽說會有12萬奴隸在工程中喪生就放棄了計劃。西元前525年波斯人入侵埃及，波斯國王大流士一世下令完成了這一工程，但這條運河啟用不久就淤塞不通。最早提出開掘直接溝通兩海運河的人是法國的拿破侖。1798年他率法軍入侵埃及時，帶一批工程師進行了實地測量，後因法軍被打敗，這一計劃沒能付諸實施。

蘇伊士運河開通典禮

　　這是蘇伊士運河的開通典禮。運河開通的典禮非常壯觀，有 6,000 來賓參加，光為他們服務的就有 5,000 廚師和 1,000 侍從。雷塞普曾邀請著名劇作家威爾第為運河開通創作一部歌劇，威爾第創作了著名歌劇《阿依達》，但沒趕得上典禮演出，遲至兩年後這部劇作才公演。為參加典禮，一支大型船隊來到因開鑿運河而形成的塞得港，法國皇后歐仁尼作為貴賓在最前面的船上。

◀◀ 19 世紀英國畫家愛德華 • 利昂所繪的油畫。現在我們看其是歷史畫，當時人把它看作是報道時事的應景之作。因為運河通航典禮規模盛大，故而畫家試圖全景表現就只能在烘托氣氛上用力，眾多來參加典禮的世界名人不得不屈尊成為陪襯，好在這幅畫的主角是河而不是人。

　　在歷史上人們一直就在考慮，開掘一條把地中海和紅海連接起來的運河以便利航運。實際組織開鑿蘇伊士運河的人是法國工程師雷塞普。1854 年他說服埃及總督賽義德接受了開鑿運河的方案，並與埃及政府簽訂了協定，為此還成立了由他管理的股份制的蘇伊士運河公司。1859 年在法國皇帝拿破侖三世（拿破侖侄子）的支持下，運河工程破土動工。這一工程浩大，每月需要六萬勞工輪換。在勞力實在不足時，雷塞普建議動用軍隊。賽義德同意讓士兵提前復員，整隊開往運河工地。這樣埃及軍隊一時竟由四萬人減到一萬人。當時開鑿運河主要靠人力，用鍬鎬挖土，用籃筐運送。工地上生活條件惡劣，伙食很差，勞工基本上是風餐露宿，結果瘟疫流行。到 1869 年運河鑿成時共有 12 萬埃及人死於這一工程。後來埃及獨立後的首任總統納賽爾曾評價道：「這條運河是用我們的生命、我們的血汗、我們的屍骨換來的。」而埃及政府當時得到的好處僅是每年從運河公司提取 15% 純利。

　　雷塞普通過挖掘蘇伊士運河名利雙收，後來他又承接開掘巴拿馬運河的工程，但這一次遇到了麻煩。由於巴拿馬地峽兩側大西洋和太平洋水位相差懸殊，不能像蘇伊士運河那樣只要挖通就行，而是要建造多座大型船閘以升降水位。這就使工程造價大幅度上升，使得雷塞普的巴拿馬運河公司資金耗盡破產。這樣的結局雷塞普在蘇伊士運河竣工的春風得意之時是不會預料到的。

路易十四視察王家科學院

法國國王路易十四很重視他建立的法蘭西王家科學院。這幅油畫畫的就是他去科學院視察的情形。在畫中有"太陽王"稱號的路易十四正在仔細地聽科學院院士的介紹。桌上散亂地堆滿了書卷，其中有地圖。

法國國王路易十四與中國皇帝康熙大致生活在同一時代，兩人的經歷和影響也很相似。首先，兩人稱孤道寡的時間都很長。路易十四五歲繼位，當法國國王長達72年，實際親政55年，是罕見的長壽君王，大概歷史上沒有哪位君王能出其右；而康熙八歲繼位，在位60年，是中國歷朝帝王中統治時間最長的。其次，兩人都具有雄才大略。路易十四親政55年中有32年忙於對外征戰，使得法國一度稱霸歐洲；康熙在位時則致力於統一國家，鞏固邊疆，其業績彪炳史冊。再次，兩人都有說一不二的絕對權威，並喜好獨攬大權。路易十四事無巨細都親自過問，而康熙在少年時就設計誅除跋扈的顧命大臣鼇拜，以後又先後建治權相明珠、索額圖，終其一生殺伐決斷的權柄始終沒有旁落。

另外，兩人除贏得軍事上的勝利外還重視國內建設。在路易十四治下，昔日荒廢的海港得到重建，港內船舶密佈，水手雲集。移民從法國各港口出發，前往世界各地。路易十四還建了凡爾賽宮、盧浮宮等華美的宮殿。他把自己的臥室設在凡爾賽宮正中央，以象徵他在法國的中心地位。他愛好建築、園林和雕刻，甚至會親自去照料花草。康熙也重視工程建設，尤其是水利工程。他下令整治了不少江南的河道，並疏通運河，修砌海塘。康熙去南方巡視，重要的活動就是去水利工地實地考察。

以上說了幾點路易十四與康熙皇帝相似的地方，那麼他們之間有什麼不同之處？有一點不同反映在兩人對科學的提倡和鼓勵的態度方面。路易十四受當時歐洲進步的文化思潮影響，很重視促進各門科學的發展。1666年他下令創立法蘭西王家科學院，以高薪聘請外國名學者來法國，他還下令修建天文臺。而康熙更重視的是編《康熙字典》這類對傳統文化的總結工作。他個人雖也熱心向傳教士學習西方科學知識，但僅止於此，西學的傳播很少越出皇帝書房的範圍。

正是路易十四對科學的重視使法國快步走上現代國家之路，而康熙對待西學的態度，今天看來或許使中國失去了一次面向世界、與時俱進的機遇。

伏爾泰與普魯士國王交談

普魯士國王弗里德里希二世正在與伏爾泰共坐一桌交談。當時他們關係密切，正處於友誼的"蜜月"時期。開明國王向智士哲人請教，王公大臣洗耳恭聽。畫中可見普魯士宮廷的簡樸，與法國宮廷竭盡奢華的風格形成鮮明對比。

◄◄ 普魯士畫家阿道夫 • 馮 • 孟澤爾1850年所繪。原件藏德國柏林國家美術館，可惜的是在1945年已毀於第二次世界大戰的戰火之中。

伏爾泰是法國18世紀最偉大的啟蒙思想家。他學識淵博，著述宏富，涉足哲學、歷史、文學等許多領域。年輕時父親要他學法律，他不感興趣，表示只願意做文人。父親就告誡他："這是一個對社會無用而又要耗盡父母錢財的職業。"但讓父親失望的是伏爾泰還是選擇了做文人的道路。

伏爾泰後來開罪於貴族，多次遭到迫害，因而長時間流亡在國外。最後他回國定居在情婦夏特萊侯爵夫人愛米莉家中。這是法國東北部邊境的一個幽靜城堡，他在那裡斷斷續續住了14年，寫了大量著作。夏特萊夫人是個不同尋常的才女，據說拉丁文說得像西塞羅一樣流利，數學演算可與歐幾里得媲美。她與伏爾泰不僅是情人，同時又保持一種師生關係。

夏特萊夫人去世後，伏爾泰曾被崇拜他的普魯士國王弗里德里希二世請到普魯士去。普王以哲學家和開明君主自居，在宮廷裡網羅了不少各國有才華的學者。他一直與伏爾泰保持通信，雙方互相稱讚。普王稱伏爾泰是當今的蘇格拉底，伏爾泰則投桃報李讚揚普王是給人們帶來幸福的哲學家。普王保證要把整個夏天都用來陪伏爾泰投入學習。他盛情接待伏爾泰，讓他下榻在自己的夏宮無憂宮中。伏爾泰衣食無憂，還可以每年獲得兩萬法郎的高額年俸。當他在宮內用餐時御廚聽候他的吩咐，當他出門時可以乘坐國王的專用馬車。而伏爾泰的工作只是為普王潤色文稿。不過伏爾泰與普王之間的"蜜月"維持得並不長久，普王看不慣他散漫的名士習氣和自由主義氣質，對他的態度漸漸由敬重轉為反感，伏爾泰知趣地趕緊離開。

18世紀在歐洲以開明統治者自居的君王都喜歡邀請名學者來裝點門面。除普魯士國王弗里德里希外，俄國的葉卡婕琳娜女皇和瑞典的克利斯蒂娜女王也都這樣做過。

大衛把馬丁・多什畫得一副委瑣模樣：軟癱在前排的椅子上，兩臂交叉在胸前，羞愧地低着頭。事實並非如此，多什在幾百名怒不可遏的代表面前敢於堅持自己的不同意見，證明他是個有勇氣、有主見的人。

網球場宣誓

這是一幅描繪法國網球場宣誓的畫作。畫面上半部空曠，下半部人滿為患，疏闊與擁擠正好形成對比。畫家畫了許多有名有姓的人，他們表情、姿態、手勢各異，一起在訴說這段歷史。

◄◄ 1790 年推動法國革命的雅各賓派為裝點國會大廳，委託畫家大衛畫一幅描繪網球場宣誓的油畫。大衛看到了這種取材現實的歷史畫的重要意義，認為"再也沒有像《網球場宣誓》這樣更能擔負歷史意義的畫作了"。他在報紙上登廣告，要求參加過宣誓的代表來畫室讓他寫生，或是送來自己的肖像供作畫的依據。實際他只畫了個草稿，現在的成品是別的畫家據其構圖着色完成的。當初在網球場上宣誓的英雄們很多人因政治變故已成階下囚，大衛不便再歌頌他們，故而停止作畫。

網球場宣誓是法國革命前夕的一個突發事件。1789 年初，法國國內局勢不穩，國家財政出現嚴重赤字。國王為解決財政困難，提出召開已多年廢置的法國傳統的三級會議。所謂三級會議是由第一等級教士、第二等級貴族和第三等級有產者代表參加的會議。開會地點定在巴黎郊區的凡爾賽宮。5月，三級會議開幕。第三等級代表不願只是討論王室劃定的議題，遂單獨在凡爾賽宮的娛樂廳開會，並自命為是國家最高的立法機構——"國民會議"。這一做法觸怒了國王。6月20日早上9點，第三等級代表朝凡爾賽宮走去時，在會場門口士兵把他們攔住，不讓進去。代表們圍在大門口，群情激奮。這時有人提議："讓我們到網球場去！"於是代表們重新上路，向網球場進發。

網球場是專供國王和王子打球的地方。這個網球場實際上是個牆有頂的大廳，牆壁高處有一排窗戶，光線從那裡射進來。由於大廳從不用來開會，只有幾把椅子和幾條長櫈，代表們大多站着。大家推選巴伊為主席，並用幾塊木板擱在兩隻酒桶上，臨時搭了個演講臺。這時有人提議，大家用在誓言上簽名的方式宣誓："在憲法完成及其基礎鞏固之前，我們決不解散，集會地點則可依情況而定。"全場頓時沸騰起來，有人拚命踥腳，有人使勁揮動手臂和帽子。巴伊要求第一個簽名，其他代表按地區和姓名字母的排列順序依次在誓言上簽名。他們激動得連氣都透不過來，人人繃着臉，緊握雙拳，眼睛裡閃爍着淚花。

突然，在簽名時出現了一陣騷動。當有人把筆遞給來自外省的代表馬丁•多什時，他拒絕簽名。周圍的人立即群起而攻之，巴伊提醒他不要破壞了第三等級的一致性。多什仍然不肯讓步，頓時全場一片譁然，大家紛紛譴責這個叛徒，憤怒的人群向他擁來。多虧有個看門人機靈，把他由邊門帶出，他才得以保全性命。

▲　這幅着色版畫是法國藝術家佩爾森 • 德皮厄創作的。銅版、鋼版、木刻等各式版畫是18、19世紀流行的畫種，尤其是
用於書籍的插圖。版畫線條精細，構圖嚴謹，便於複製，有不少優點，因而當時有不少藝術家喜愛創作版畫。即使是有些畫
油畫的畫家，也常在畫油畫同時再製作同樣內容的版畫，以便複製。這樣的畫作在美術史上沒有什麼地位，但在歷史畫中卻
是上乘精品。

● 攻打巴士底獄

　　畫面上，磚石疊砌的巴士底獄高聳兀立，塔樓連綿，有固若金湯的氣勢。與大獄形成鮮明對比的是畫面下方擁擠的人群。他們正忙於正面進攻巴士底獄的大門。這些人或荷槍待機而動，或操炮填彈欲發，一片忙碌雜亂景象，顯然這是一支臨時湊集起來的民軍。

　　攻打巴士底獄是法國大革命的標誌性事件，其意義不在於戰事的規模大小，傷亡多少，而在於其象徵性。巴士底是巴黎城內的一座監獄，專門用以囚禁政治犯，伏爾泰就曾被監禁其中，他還在書中記述了有個神秘的"鐵面人"被關在獄中的故事，使得巴士底獄更顯得陰森可怖。同時它也是一個重要的堡壘，上面架着的大炮居高臨下控制着街區，因而它成了專制暴政的象徵，攻打它就顯得意義特別重大。

　　1789 年 7 月 14 日，在巴黎街頭響起一片"到巴士底去"的喊聲。人們扛着武器奔向巴士底獄。這時巴士底獄的守軍只有 120 人，但監獄圍牆高達 30 米，上面有八座高塔，周圍環繞着 25 米寬的護城河，易守難攻。起義者一再發動猛攻，冒着槍林彈雨，架起雲梯，奮勇登城，後來有些開小差的士兵投向起義軍，拖來幾門大炮轟擊監獄大門。守軍司令德洛內在情勢危急時曾想把堡壘炸毀，讓大家一起葬身在殘磚碎瓦中。在他手拿點着的火繩向炸藥走去時被他手下的士兵制止。全無鬥志的守軍在炮座上豎起白旗投降。起義軍後來處死了德洛內。

　　當國王路易十六得知巴士底獄陷落的消息後問道："是一場叛亂嗎？"得到的回答意味深長："不，陛下，是一場革命。"第二天，巴黎國民自衛軍司令拉法葉特下令拆毀巴士底獄，並在監獄舊址上豎起木牌，上面寫着"這裡埋葬了巴士底獄"。第二年，為慶祝攻打巴士底獄一周年，巴黎市政府決定在這一年的 7 月 14 日舉行"聯盟節"慶典，由各地派代表來巴黎參加活動。慶典那天盛況空前，有 15 萬人聚集在戰神廣場莊嚴宣誓。19 世紀末，法國政府把 7 月 14 日定為國慶日，一直沿用至今。由此可見攻打巴士底獄的象徵意義要遠大於軍事意義。

婦女向凡爾賽進軍

　　我們看到的是法國大革命時期婦女在向凡爾賽行進中的情景。她們搶了一些手槍、長矛，甚至還有兩門炮。幾個女子在費力地拉炮前行。

◀◀ 這是一幅彩色木刻版畫，現藏於法國巴黎的國家圖書館中。

　　對這幅畫表現的歷史事件一般史書上的解釋為：1789 年 10 月，法國國王路易十六當時住在巴黎城外的凡爾賽宮。他與封建貴族不甘心失敗，秘密策劃推翻剛剛建立的革命政權。於是國王從外地調集軍隊到巴黎附近，準備動用武力。在這危急存亡之際，10 月 5 日一大群巴黎婦女聚集起來，向凡爾賽進軍。在婦女的壓力下，國王只好同意回巴黎，王室陰謀被粉碎。這一事件歷來被史家認為是婦女們的自發行動拯救了革命。但在奧地利作家茨威格筆下還有另一種說法，他認為這次婦女進軍並不是一次自發行動，而是有人在幕後精心策劃的結果。以下是茨威格對這次事件的敘述：

　　1789 年 10 月 5 日，巴黎出現了騷動。當時國王住在城外，城裡的革命者需要把他弄到巴黎來。革命陣營中有一個很有心計的心理學家拉克洛，他認為這件事不能派男人去做，最好讓女人去完成。如果是男人，國王的衛兵很可能會向他們開槍，而女人會被看作是在絕望中掙扎的弱者，最鋒利的刺刀也會發現女人柔軟的胸脯竟是難以刺透的鎧甲。

　　這樣在巴黎城裡就出現了一群婦女，領頭的是個姑娘，她們吵吵嚷嚷地要麵包。這時有一個叫馬伊雅的領導人，把亂紛紛的婦女組織成一支隊伍，鼓動她們向凡爾賽進軍。表面上是要麵包，實際目的是要把國王弄到巴黎來。大群婦女終於來到凡爾賽，她們路上遇雨全成了落湯雞，又饑又寒，鞋裡灌滿泥漿。

　　到了凡爾賽，婦女提出的第一個要求是要麵包，幾個女代表被送去見國王。國王態度溫和地接待了這幾個婦女，其中一個賣花姑娘竟激動得昏了過去。路易十六扶着她，答應會給她們足夠的麵包，甚至要用自己的馬車送她們回巴黎。當這些代表出來時，外面等着的婦女對她們大罵："我們冒雨走了六個小時，可不是讓人用幾句好話就能哄走的，除非讓我們把國王、王后和那幫老爺帶回巴黎。"她們指責這些代表都被國王收買了。深夜她們圍着王宮高喊："國王去巴黎！"國王無奈，只得同意。這次行動完全按照策劃者的計劃進行，獲得了完全的成功。

對同一事件有這樣兩種不同版本的敘述，我們應該相信哪一種？可以讓讀者自己去判斷，不過筆者個人更傾向於茨威格的説法。

▲　這幅帶有時事素描風格的歷史畫是法國畫家薩西福所作。這類畫作大多是畫家在現場速寫後再加工完成的。當時每遇重大事件都有畫家當場寫生。

處決路易十六

　　這幅有關處決路易十六的畫作描繪的是劊子手把國王已身首分離的頭高高舉起，讓圍觀者驗明正身的情景。其他兩個劊子手在操縱斷頭機。畫面中有許多荷槍實彈的士兵在廣場上警戒，可見這種活動是由政府為"國家剃刀"不時安排的盛典。

　　1793年法國處決前國王路易十六與100多年前英國處決前國王查理一世兩大事件，不同於歷史上千百年來眾多的篡位弒君之事。這兩起處決案都是以人民或正義的名義，通過法律審判的手段公開判決，並當眾把國王送上黃泉的。

　　路易十六不認為自己有罪，但執掌權力的國民公會認定他有罪。他明顯的罪責與兩件事有關。第一件是"出逃案"。1791年6月，他們夫婦在王后的情人弗森安排下坐馬車想逃出法國，不巧在靠近邊境的一個小鎮被人發現，出逃計劃泡湯，他們也就從此失去了自由。第二件是"暗櫃案"。1792年11月，在杜伊勒里宮一處護牆板後面發現有個洞，裝有鐵門，裡面有個秘密保險櫃，櫃裡的文件有些是國王與法國逃亡貴族和外國君主往來的信件。這當然成為指控路易十六的罪證。

　　於是法國國民公會決定審判他。路易十六在被審時表現得很鎮定。仍有忠於他的人為他辯護，稱頌道："他在位時品行堪稱楷模，公正廉潔，沒有任何缺失，沒有貪污腐化。他一貫愛護百姓，捨己為民的美名不容爭辯。"

但辯護無效，國民公會投票判他死刑。當有人告訴路易十六判決結果時，他仍懇切地對人說："我已經考慮了兩個小時，自己是否做過應當受百姓最小譴責的事。現在我本着良心，以一個就要見上帝的人發誓，我一貫想的是人民的幸福，從來沒有起過與人民為敵的念頭。"1793年1月21日，死刑在革命廣場（現在的協和廣場）上執行。行刑時廣場上人山人海。路易十六讓人捆起他的雙手，走到斷頭臺的左側說："我是無罪而死的，我寬恕我的仇人。你們，不幸的百姓們……"就在這時行刑官發出擊鼓的號令，鼓聲壓住了他的話音，劊子手架住他，把他送上斷頭機。他至死也認為自己是無辜的。

說起來路易十六最不具備一個暴君的性格和特點。他沒有謀取權力的野心，平生最愛好的事是打獵和做鎖匠活，可是王位偏偏傳給了他；他性格懦弱，頗為畏懼性情兇悍的王后，就是王后有了情人也安於現狀；他有改革的志向，願意當一個君主立憲的國王，但步步深入的革命容不得君主制存在。

瓦爾密戰役

這是一幅表現瓦爾密戰役的畫作。位於畫面正中騎白馬者是法國將軍克勒曼，他正一馬當先率領法軍衝向敵軍。布倫瑞克公爵則勒轉馬頭，準備退卻。

◄◄ 法國畫家莫澤茲所繪。當時戰爭的經過並不是這麼帶有戲劇性──兩軍主將在戰場上迎面相遇，而畫家這樣構圖的目的是要讓觀者感到法軍是以勇敢逼退了敵人。

瓦爾密戰役是法國大革命中法軍戰勝外國干涉軍的一場關鍵戰役，但這卻又是一場沒有真正打起來的仗。雙方步兵和騎兵基本沒有接觸，至多只能說是一場炮戰。實際上，在歐洲訓練最好、裝備最精的普魯士軍隊是被臨時召集、裝備低劣的法軍嚇退的。

1789年開始的法國大革命推翻了君主專制制度，建立了共和國。對此突變，歐洲大陸一些封建國家決定出兵干涉。1792年7月，普魯士和奧地利組成反法聯軍，入侵法國。9月20日，普魯士大軍在凡爾登附近的瓦爾密村與一支法軍遭遇。指揮普魯士軍的司令官布倫瑞克公爵是位久經沙場的老將，他不把訓練不精的法軍放在眼裡，以為法國人一旦面對陣勢嚴整的普魯士大軍就會轉身逃跑。在炮擊之後普軍向法軍發起總攻。這時奇跡出現了，法軍司令克勒曼將軍用劍挑起帽子，一面揮舞，一面高呼"民族萬歲"。法軍一個個營齊聲呼應，口號聲響徹全軍。在大軍壓陣之前，法軍無一人退縮。普魯士士兵被這種氣勢震住了，止步不前。當天晚上，布倫瑞克公爵告訴將領們："我們不能在這裡作戰了。"於是就下令撤退。到10月1日，普奧聯軍全部撤出法國。所以說瓦爾密戰役更像是一次精神戰的勝利。

那麼法軍在瓦爾密戰役中不戰而勝的秘訣是什麼？秘訣就在於採用了被人稱為"底層動員"的政治鼓動手段。當時徵兵是一種戲劇般的政治活動。在巴黎城內，徵兵時要在廣場上搭起高臺，掛上彩旗，旗子上寫着"祖國在危急中"。前來報名的人排成一字長蛇陣，爭相報名。他們按捺不住內心的激動，流着眼淚，互相擁抱，發誓寧死也不讓國土遭受侵略者踐踏。一旦遇有戰事，城裡就發出緊急集合信號，敲鐘鳴炮。政治領袖丹東在議會大聲疾呼："大家聽到的並不是告急的炮聲，而是向敵人衝鋒的步伐聲。要想戰勝敵人，打垮敵人，應該怎麼辦呢？大膽，大膽，再大膽！"用這樣的動員方式組織的軍隊是歷史上的一種新型軍隊，一上戰場就創造了嚇退普魯士大軍的奇跡。

▲　作者格羅。此畫現藏法國巴黎盧浮宮，畫於 1804 年，屬於浪漫主義風格的歷史畫。畫面色彩絢麗、明亮的色調中有一種霧化的效果，以象徵拿破崙會給絕望中的人帶來奇跡和希望。

拿破侖在雅法疫病院

在畫稿上，畫家以富有東方情調的伊斯蘭建築為背景點明事情發生的地點。畫中隨着拿破侖的突然出現，在病中痛苦掙扎的病人都露出了驚愕的目光，而這些患者都是他帶出來的法軍士兵。拿破侖不避危險，精神振奮地來探望這些赤身露體的患者，而這些臨近死亡的病人期望從這位"常勝將軍"口中說出一些能給他們帶來生機的話來。

這裡所說的疫病是鼠疫。拿破侖視察雅法鼠疫病院是在 1799 年，當時他在佔領埃及後又向土耳其控制的敘利亞出擊，率領一萬多法軍攻下了雅法城。這時發生了一件可怕的事，在法軍中出現了鼠疫病號，土耳其部隊把鼠疫傳染給了法軍士兵，在雅法城裡沒有被清理的死屍成了傳染鼠疫的病源。接着拿破侖率軍圍攻另一個敵軍要塞阿克，激戰九周時間也未奏效。出身炮兵的拿破侖卻缺乏攻城必需的大炮，炎熱的天氣使法軍越來越多的人患上了鼠疫。在這樣不利的情況下，他下令撤退。撤退路上的情景慘不忍睹，狼狽不堪的法軍在沙漠中行軍，乾渴、饑餓、疲倦、傷痛折磨着他們，有些傷兵就要被沿路拋棄了。這時拿破侖下令所有的馬匹都用來運送傷兵，騎兵一律下馬步行，連他本人也不例外。侍衛為他留下一匹馬，遭到他的痛罵。他大聲喊道："全體步行！我第一個先走！"就這樣法軍艱難地到達了雅法，在雅法休整了七天，就地治療患鼠疫的重病號。

就是在這樣的背景下，拿破侖去疫病院視察。他為了鼓舞士氣，顯示他不同凡人之處，有意走近病人身邊，鼓勵他們安心養病，以示他不在乎有被傳染的危險。拿破侖的這些細微舉動後來成為他手下老兵永久懷念的地方，甚至超過對他們獲得的勝利的懷念。

此畫作者格羅是法國名畫家大衛的學生，後來成為拿破侖帝國的宮廷畫家。他曾跟隨拿破侖去戰地寫生，創作了為拿破侖歌功頌德的畫作。1796 年他畫了《拿破侖在阿爾柯橋上》，這是他的成名作。拿破侖垮臺後他的事業仍很紅火，轉而為新朝的國王作畫，直到 1835 年投塞納河自殺。

拿破侖的這些舉動是發自內心的自然的行為，還是他經過考慮後故意做出來的，這只有他本人才說得清。拿破侖在裝模作樣方面確實是遠勝過普通人的，甚至超過偉大的演員。這其中體現了他驚人的意志力。德國哲人叔本華說："拿破侖是人類意志最美的表徵。"後來在歐洲流傳甚廣的拿破侖神話，實際上就是他通過一個又一個帶有象徵意義的細微舉動創造出來的意志力的神話。

▲　有關拿破崙軍事生涯的畫作留存至今的不少。當時攝影術尚未發明，要想留下供後人追古的圖像只有靠繪畫。而拿破崙又是酷愛以自己的戰功偉績入畫的人，所以他的宮廷中有不少專門為他作畫的畫家，如大衛、格羅等人。不過這些御用畫家都是報喜不報憂，只畫在打勝仗時揚威稱雄的拿破崙。這幅畫作或許是俄國畫家的作品。

撤出莫斯科

　　拿破崙遠征俄國失敗，鎩羽而歸。在畫中，從莫斯科撤出的法軍隊列不整，在風雪中瑟縮而行。他們已沒有統一的軍服，把能找到的各種衣服都穿上身以蔽風寒。一株在寒風中光禿禿的樹更增添畫面蕭瑟的景象。到處是遺棄的死屍和大炮，有些士兵就地點起篝火以休息片刻。在隊伍中，只有拿破崙戴着他那著名的三角帽，騎着馬，在竭盡心力籌劃如何把法軍帶出這一望無際的俄羅斯荒原。

　　拿破崙一生共打了 50 次勝仗，但最後還是以戰敗告終。在他打過的敗仗中影響最大的當屬 1812 年遠征俄國的失敗。在這一敗戰之前正值拿破崙帝國範圍最廣權勢最盛之時，在這一敗戰之後其帝國就日益衰落，直至傾覆。而拿破崙率軍撤離俄國又是這一敗戰中最為悲愴、淒涼的一幕。

　　1812 年 9 月 15 日，法國遠征軍進駐莫斯科。城裡已空空如也，拿破崙沒有見到想像中帶着城門鑰匙來迎接他的市長。當天夜裡，城裡四處燃起大火。拿破崙在克里姆林宮中，臉色蒼白地望着窗外，低聲對人說："多麼可怕的景象！這是他們自己放的火……多麼大的決心。這是什麼樣的人啊，這是野蠻人。"燒了六天六夜的大火把大部分街區燒成廢墟。沒有糧食供應，法軍在莫斯科無法過冬，又不能與沙皇訂立體面的和約，惟一的出路是盡快離開俄國。

　　10 月，拿破崙下令撤出莫斯科。依照拿破崙的命令，要把沿途的鄉村和莊園全部放火燒掉。但許多地方已經成為焦土，沒有什麼東西可燒了。這一年的冬天來得特別早，暴風雪無情地打在法軍士兵身上，讓他們受盡折磨。茫茫積雪使地形難辨，奪路而走的法軍常常迷失方向。除了老近衛軍外全軍已秩序大亂。士兵們三五成群，四處搶劫，瘋狂地尋找可供充饑取暖的食物和燃料。當時能獲得的最好的食物是馬肉，每當一匹馬倒下，饑餓的人群就擁上去搶奪馬肉。

　　拿破崙忍受着行軍途中的一切艱難困苦，像往常一樣試圖做出榜樣來鼓舞士氣。他常常接連幾小時在雪地裡行軍，拄着拐棍與士兵們交談。可是士兵們身體已經十分虛弱，經常是倒下後就再也站不起來。到處都是死屍，大批輜重和大炮不得不沿途丟棄。法軍強渡別列津納河時最為危險，險些就全軍覆沒。拿破崙好不容易才走過臨時搭起的浮橋，他命令燒掉浮橋，對掉隊的人棄之不顧，這才勉強逃出俄國。這是拿破崙用兵以來敗得最慘的一次，他出征時的大軍有 50 多萬人，遠征中總共損失了 40 多萬人。

● 父子情

　　這是拿破侖擁兒相親的場面。畫面上，孩子的母親路易絲坐在一邊，她已完成了為帝國生育繼承人的重任。後排站立的是兩個帶孩子的保姆，她們或躬身或束手，姿態各異，以襯托前排相對而坐的男女主人。

◀◀ 1812年帝國宮廷畫家所畫。與眾多表現拿破侖戰場英姿的繪畫作品不同，這幅畫重在表現拿破侖自然流露出的家庭親情。

　　拿破侖的帝王基業不求之於祖上蔭封，而是在戰場上以刀劍建立的。拿破侖帝國欲求常存不絕需要皇位繼承人，但皇后約瑟芬不能生兒子，拿破侖就只能離婚再娶。

　　在與約瑟芬辦妥離婚手續後，拿破侖需要另娶新人。新娘要在與法國地位相當的帝國皇室中遴選。選來選去有兩個合適人選，一個是奧地利公主瑪麗婭•路易絲，另一個是沙皇亞歷山大的妹妹安娜•巴夫洛夫娜。俄國沙皇對拿破侖的求婚反應冷淡，推託皇太后不願意，他的妹妹年紀尚小。而奧地利皇室的反應要主動積極得多。奧皇剛敗於拿破侖之手，急於想攀上這個地位顯赫的乘龍快婿。1810年2月兩國皇室簽訂婚約。新郎新娘以前從未見過面。拿破侖不願屈尊去維也納迎接新娘，而是由"紅娘"奧國外交大臣梅特涅陪同公主來巴黎完婚。在婚禮上，梅特涅舉杯預祝"羅馬王"早早降生（拿破侖許諾過，若公主為他生個兒子就封這個孩子為"羅馬王"）。第二年新皇后果然為拿破侖生了皇子。拿破侖對兒子疼愛有加，即使在遠征俄國時也把兒子的畫像給身邊的衛兵看，衛兵們交口稱讚皇子英俊可愛。看完後拿破侖小心翼翼地收起畫像說："孩子太小，不該帶到戰場上來。"

　　拿破侖與路易絲的蜜月並未帶來法國與奧地利兩國間的"蜜月"。沒過幾年奧地利又加入了反法聯盟，奧皇要與拿破侖在戰場上兵戎相見。出征前，拿破侖抱着兒子戲言："我們去打外祖父。"1814年，拿破侖戰敗退位被放逐厄爾巴島，路易絲就帶着兒子離開巴黎回了娘家奧地利。此後她再也沒有見過拿破侖。而當拿破侖晚年在流放地離索居時，他一直懷念這個再也見不到的兒子，並堅信他的兒子以後會像他一樣當皇帝。

記得以前讀書時曾過眼某賢哲說過的一句格言："聯姻是一種政治行為。"這一說法似與凡夫俗子的情況不合，平民百姓娶妻嫁漢目的是在延續香火，跟政治的宏大事業無干。而王侯將相門當戶對的婚嫁確是政治行為，若是帝王間的聯姻就更了不得，常帶有國家結盟的重要意義。

▲　德國畫家威廉‧斯特恩所作。整個構圖頗為巧妙，官兵兩側默立、歡躍動靜互映，更引人注目的是士兵一邊。畫面表現更有張力。

● 返回法國

　　此畫描繪拿破侖從流放地厄爾巴島返回法國途中發生的奇跡。在畫中極具個人魅力的拿破侖已贏得了士兵狂熱的支持，而這些士兵本來是被派來對付他的。在拿破侖身後飄揚着紅、藍、白三色旗，這是法國革命的產物，而復辟王朝用的是白旗，在拿破侖退位後許多士兵都討厭白旗而懷念三色旗。站在拿破侖左側邊上的軍官就是大名鼎鼎的內伊元帥，他後來跟隨拿破侖參加了著名的滑鐵盧戰役。拿破侖在畫面中居於中心地位，在他面前的是激動萬分的士兵，他們揮手舉刀向皇帝陛下致敬；在他身後的是一些高級軍官，他們不像士兵那樣單純，情緒顯得比較鎮定。

　　拿破侖一生中最富戲劇性的事情莫過於他從厄爾巴島返回法國時發生的奇跡。他是在1814年4月被反法聯盟的戰勝國安排去厄爾巴島的，作為對他戰敗後主動退位的報償。這個島原屬意大利的托斯卡納公國，現在交給他全權管轄。他是條蛟龍，當然不願在淺水中度過餘生，自然要伺機重返法國。

　　第二年2月，拿破侖在1,000多護衛他的士兵陪同下，乘船返回法國。這點兵力不足以一戰，實際上在遇到阻攔時他也不想動用武力。在他登岸後不久就遇到一支軍隊橫亙在前面。面對對方的槍口炮眼，拿破侖親自走在隊伍前頭，命令身後的士兵都左手持槍，槍口朝下，一直走到對面士兵面前。拿破侖問道："你們認識我嗎？""認識，認識。"士兵們齊聲回答。接着拿破侖敞開灰大衣，露出前胸說："你們當中誰想打死自己的皇帝，那就開槍吧！"士兵的反應是蜂擁着奔向他，齊聲高

喊："皇帝萬歲！"把他緊緊圍住，高興得大哭起來。兩支原先對陣的軍隊立即匯合到了一起。後來所有被派來阻擋拿破侖的軍隊都一團一團地跑到他那裡去了。一大群農民跟在他後面，送他從一個村莊到另一個村莊。

　　在拿破侖退位後出任法國國王的路易十八決定派一個有資格與拿破侖對抗的人去阻止他，這個人就是內伊元帥，他被拿破侖譽為是"最勇敢的軍人"。內伊本來表示反對拿破侖返回法國，認為這樣做只會給法國帶來災禍。他向國王保證要把拿破侖關在鐵籠子裡帶回巴黎，可是等他帶人出發後也很快率部倒向拿破侖。在這種情況下，路易十八只好趕快逃離巴黎，把宮殿讓給新主人。

　　就這樣，拿破侖不費一槍一彈，不到20天就兵不血刃從地中海岸北上到達巴黎，重新成為法國的主人。

● 滑鐵盧戰役

　　這幅有關滑鐵盧戰役的歷史畫，畫的是在內伊指揮下的那次萬名法軍鐵騎大衝鋒後老近衛軍的進攻。在畫面上，英軍組成一個個整齊的方陣，士兵排成封閉的橫列隊形，用連續的槍炮齊射竭力頂住法軍的衝擊。而老近衛軍表現得也異常勇敢，前仆後繼，拚命殺開一條血路。

　　滑鐵盧戰役是拿破侖軍事生涯中打的最後一仗，是一場敗仗，也就此決定了他政治生命的終結。

　　在這一戰役中，拿破侖手下能夠調動的軍隊有 12 萬人，但他卻要打敗英國威靈頓公爵統率的 9 萬人的英國軍隊和布呂歇爾元帥的 12 萬普魯士軍隊。拿破侖計劃在這兩支敵軍會合前主動進軍比利時將其各個擊破。

　　1815 年 6 月 16 日，戰役一開始法軍就擊敗了布呂歇爾的普魯士軍隊，但普軍並沒有喪失戰鬥力。17 日拿破侖把三分之一的法軍交給格魯希，讓他去追擊已遭受了打擊的普軍。格魯希是個平庸之才，是經過 20 年苦戰一級級升為元帥的，因為無人可用拿破侖不得不對他委以重任。18 日上午，拿破侖命令內伊元帥指揮步兵進攻英軍防守的位於滑鐵盧附近的高地。交戰處於膠着狀態，雙方軍隊都疲憊不堪，統帥也焦慮不安，都在等待增援。威靈頓等待布呂歇爾，拿破侖等待格魯希。這時格魯希沒有找到普軍的蹤跡，他雖然已聽到滑鐵盧戰場的炮聲，可是仍拒絕去增援，因為他要執行追擊普軍的命令。

　　到下午，在滑鐵盧戰場法軍進攻四次都未得手，但英軍防線已出現了動搖。就在這時布呂歇爾率普軍趕到戰場附近，而格魯希還在作無目標的追擊。為了要在普軍加入戰鬥前結束戰事，拿破侖讓內伊再發動一次更猛烈的進攻。內伊把全部騎兵都投入了戰鬥，一萬名精銳的法國驃騎兵猛衝英軍蘇格蘭團隊組成的方陣。他們已衝到英軍的最後一道防線，但自己在槍林彈雨中也傷亡慘重。拿破侖孤注一擲，調動最後的預備隊——老近衛軍。但已經來不及了，普魯士援軍已在攻擊法軍側翼，拿破侖輸定了，寧死不降的老近衛軍全軍覆沒。等到格魯希率軍趕到戰場時，一個參謀軍官告訴他已不存在法蘭西帝國和拿破侖皇帝了。

説起來，影響這一戰役勝負的有許多因素，但最關鍵的是拿破侖用人不當，被他重用的格魯希元帥不是將才，貽誤了戰機。這是讓拿破侖終生悔恨的一件事。

▲▲　英國畫家奧恰特森創作。全圖畫面疏朗，結構勻稱，
後排一群人視野的焦點都落在拿破崙身上，更突出了他的
中心地位。在這本小書中有六幅畫與拿破崙的生平有關，
是比例最重的。原因一則在於其人在歷史上的地位特別重
要，簡直影響了整整一個時代；二則拿破崙生活的時代歷
史畫極為繁榮，佳作迭出，光是大衛一人就創作多多，如
為人熟知的《拿破崙加冕》。這就使得筆者不得不對其特
予優容，不吝篇幅一說再說。

流放中的拿破崙

　　這幅歷史畫中的主人公是處於英雄末路時的拿破崙，他正搭乘英國巡洋艦"諾森伯蘭"號去流放地聖赫勒拿島。他背着手站在戰艦甲板上，望着正在漸漸消失的法國海岸。這是他最後一次遠望法蘭西祖國。拿破崙身穿他喜愛的法國輕騎兵軍服，頭戴三角帽，仍不失起起軍人的威儀。站在遠處的是奉命監視他的六國代表。他們領受這個乏味的差使，主要是要保證這個"科西嘉怪物"（拿破崙的綽號）不再來破壞歐洲的既成秩序。

　　在滑鐵盧戰役戰敗後，拿破崙又一次宣佈退位。這時他曾想乘軍艦去美洲，想像在美國的荒原上有一塊小領地，說不定以後還有捲土重來的一天。但英國海軍已經嚴密封鎖了港口。拿破崙拒絕了仍忠於他的法國海軍用武力衝出封鎖的建議，決定把自己交給英國人。英國政府為拿破崙已安排好了流放地——聖赫勒拿島。這個小島是一座遠離大陸的死火山，離最近的大陸有 2,000 公里。島上有英國駐防軍，這就使得拿破崙無法再尋找機會返回法國。拿破崙搭乘英國巡洋艦"諾森伯蘭"號，在幾十個仍忠於他的老部下陪同下，經過兩個半月航行於 1815 年 10 月到達聖赫勒拿島。

　　法國、俄國、奧地利等六國的代表與他同行，任務是監視他。島上負責看守他的英國士兵都很同情他，一有機會就要表現出對他的尊敬。這讓俄國沙皇的監視大員感到不可理解："這個失去皇位、被衛兵看守着的人，這個俘虜，竟能夠影響一切與他接近的人……法

國人看見他時渾身發抖，認為自己為他服務是十分幸福的……英國人帶着景仰的心情去接近他。甚至那些看守他的人，也熱烈希望他看自己一眼，力求他説出隻言片語來。"為了看牢這個特殊的囚犯，英國守衛部隊一直在增加，由起初的 200 人增加到 3,000 人。

　　拿破崙很不適應島上的閒散生活。以前他一天工作15小時，甚至18小時，在忙忙碌碌中他反而獲得了諸多樂趣。現在能做的事只有讀書和對過去時光的追憶。拿破崙的一生是在金戈鐵馬的戰火硝煙中度過的，征戰一結束他的生命似乎也就喪失了活力。在回憶往事時，他一直後悔自己竟然沒能戰死在沙場："要是我死在博羅金諾，我的死就會像亞歷山大大帝的去世那樣令人惋惜。在滑鐵盧捐軀也不錯。"就在這樣無盡的悔恨中，1821 年 5 月他在這個荒島上辭世。

無獨有偶，大約100年後第一次世界大戰結束後在歐洲也召開了一次國際會議，這就是巴黎和會。若從這兩次會議對國際格局的影響而言，似乎維也納會議要更成功一些。維也納會議以後歐洲維持了一個世紀的穩定，未爆發大戰，而巴黎和會後僅勉強維持了 20 年的和平，很快世界就捲入了戰火之中。

維也納會議

這是從 1814 年 10 月到 1815 年 6 月間召開的維也納會議。畫中刻畫了在會議中起決定作用的幾位政治家：俄國沙皇亞歷山大一世，奧地利皇帝弗朗西斯一世、外交大臣梅特涅，普魯士國王威廉一世、首相哈登堡，英國外交大臣卡瑟爾累，法國外交大臣塔列朗。

◀◀ 英國畫家戈弗雷所作。

　　這是一次大規模的國際會議，目的是為了在拿破侖戰爭結束後重建歐洲國際秩序。

　　由此可見，作為近代傳統外交典範的維也納會議也不無可供總結乃至借鑒之處。在這次會議上，有兩個人不能不提。一是作為東道主擔任會議主席的梅特涅。此人有豐富的外交經驗，善於玩弄權術。他在這次會議上堅持貫徹均勢原則，以保持大國間的勢力均衡。奧地利在大國中實力較弱，打出均勢原則旗號對它利多弊少。另一值得一提的人是塔列朗。若論道德人品，此公都不足取，但他極有外交才幹。他以前得到拿破侖重用，在拿破侖倒臺後依然官居原位，改為新朝效力。塔列朗打出的旗號是"正統原則"，以捍衛各正統王朝利益自居，實際是企圖藉此限制大國對小國的侵害，爭取同情，以改善法國戰敗國的處境。

　　這次會議完全由大國操縱，表面上歐洲所有國家都派代表參加，但實際操縱會議的是四大戰勝國：俄、英、普、奧。由四國的君主和外交大臣在密室裡決定所有重大問題，而其他國家的代表簡直無事可做。為打發時光，他們只得去參加梅特涅為他們特意安排的各種娛樂活動。奧地利政府花費巨資款待眾多與會者，為會議服務的人多達數千，其中多數是婦女，好讓各國君主、王公大臣每日沉醉在奢靡的享樂之中。

　　另外梅特涅在會議中極力堅持均勢原則，抵制俄國吞併波蘭以及普魯士合併薩克森，以免俄、普兩國過於強大對奧地利不利。這種態度讓俄國沙皇亞歷山大為之光火。梅特涅在會議上有一個同盟者，這就是塔列朗。塔列朗在普魯士想合併薩克森時提出：薩克森王像父親一樣統治臣民已有 40 年，在各方面都是賢德的，其正統地位不可動搖。

　　雖然從總體上說這是一次分贓會議，但主要戰勝國劃分勢力範圍較為均衡，又未過多傷害戰敗國法國，甚至法國還藉此恢復了大國地位，因而這次會議還算開得比較成功。

這是一張讓法國
人看了感到寒心
的歷史畫，或說
是反映法國一樁
國恥的圖記。

色當戰敗

圖上畫了兩個在19世紀後期名聞歐陸的大人物：法國皇帝拿破崙三世和普魯士宰相俾斯麥。全副戎裝、手拄軍刀的是俾斯麥，而身穿將軍便服、雙臂交叉在胸前的則是法國皇帝。畫面遠處依稀可見正在巡邏、站崗的哨兵，以表現兩人會談時特定的戰地場景。畫中兩人交談時的姿態也大有講究：俾斯麥穩坐不動，拿破崙三世則扭轉身子朝向對方，似有所企求。

◀◀ 水彩畫，德國藝術家卡姆普豪森所繪。

法國皇帝拿破崙三世是拿破崙的侄子，他處處以他英雄的伯父為楷模，但卻沒有伯父的雄才大略。他也愛好對外用兵，但卻沒有伯父的軍事才幹；他也喜歡在國內表現親民的形象，但卻沒有伯父的個人魅力。在對鄰國普魯士的關係上，他不希望德意志統一，一直阻撓南德的四個邦國與普魯士合併。這就使得普、法兩國之間終於在1870年爆發戰事。

拿破崙三世不懂軍事，但卻堅持要親自上前線指揮，而普魯士國王威廉卻把指揮權交給名將毛奇。法皇還讓14歲的太子穿上軍裝去部隊，但他在部隊只是個累贅。打仗時皇太子並不在前線，他隨手撿起一粒落在腳邊的子彈頭，這件事就被大肆宣傳，稱之為"子彈男孩"。但除作秀外在戰事準備上法國卻遠遜於普魯士。很快法軍主力就被圍困在色當，敗局已定，拿破崙三世本人也陷入重圍。

9月2日上午，拿破崙三世求見普魯士國王。在參謀軍官陪同下他乘馬車前往普軍軍營，先見到俾斯麥。在軍營附近他們找到一幢紡織工匠住的房屋。兩人踩着發出響聲的樓梯上二樓，走進一個小房間。屋裡只有一個窗戶、兩張草編椅子和一張木頭桌。他們兩人就在這間簡陋民居裡談了兩個多小時。拿破崙三世關心投降條件能對法國有利一些，而又說他本人已成俘虜，無權決定重大問題，應由巴黎的政府來負責。他們的這次談話沒有多少實際價值，但兩人會談的形式卻有象徵意義，標誌着普、法兩強的競爭法國已居於下風。會談完拿破崙就在屋前的空地上抽煙，等待普魯士騎兵來接他去見普王。直到下午拿破崙三世才被帶去見普王威廉，兩人只談了25分鐘。拿破崙三世為自己辯解說他並不要戰爭，是被輿論強迫的，普王則反駁說輿論是被政府強迫的。當天，拿破崙就打電報給在巴黎的皇后，悲切地告知戰爭的結果："我軍戰敗，被俘，我本人也成了俘虜。"此後他就流亡國外，再也沒有回到法國。

● 槍殺巴黎公社戰士

　　此畫描繪巴黎公社戰士遭政府軍屠殺的情景。在畫中被槍擊的公社戰士中彈後東倒西歪，或伸手後仰，或撫胸前俯，給人以強大的震撼。

◄◄ 這幅歷史畫的作者是在西方美術史上赫赫有名的法國印象派大師馬奈。它描繪的雖是歷史事件，但藝術技法沒有採用歷史畫常用的新古典主義畫法，而是用了由他最早採用的印象派畫法。他不用注重"修飾"和"細膩"描繪的傳統畫法，而以粗放的人物形象來表現動態景觀。在色彩上他以大片灰彩和淡影施色，有的地方用的是平塗的手法，以追求簡約的效果，反而使畫面顯得更為真實而栩栩如生。

　　普法戰爭後，法國爆發了內戰。交戰的雙方是巴黎工人的國民自衛軍和法國政府軍。僅僅一天的時間，國民自衛軍就佔領了市政府，政府成員倉皇逃往巴黎郊外的凡爾賽宮。1871年3月，世界上第一個無產階級政權——巴黎公社正式成立。5月，法國政府軍攻佔巴黎，對公社戰士進行了殘酷的大屠殺。據當時人記述，在巴黎市中心，"被押到羅博兵營的俘虜一進營房，劊子手便緊閉大門，亂槍射擊。殉難者連行刑人都沒有看見就倒在血泊中。沙臺列劇場的法庭晝夜不停地開庭，政府軍一周內判處了兩三千人死刑。被捕者日夜受審，手無寸鐵的老弱婦孺都成為屠殺物件"。巴黎公社的著名領導人瓦爾蘭死得很慘烈。他在被捉住後遭捆綁起來，連踢帶拖地遊街，受盡折磨，頭和臉滿是刀痕，眼珠也被打了出來，直至被處死。法國著名作家左拉在當時把巴黎稱作"慘絕人寰的堆屍場"。

　　在前幾個月中，巴黎公社也曾想對敵人以暴抗暴，頒佈過一個有爭議的"人質法令"，規定："凡被指控與凡爾賽政府有勾結者，立即提起公訴，加以關押。""起訴法庭判決應予監禁的被告，即為巴黎人民手中的人質。""今後凡殺害一名戰俘或一名巴黎公社合法政府的擁護者，即從在押的人質中，通過抽籤，立即處決三名。"不久，一些並沒有明顯罪行的主教、教士和舊官吏、舊軍官被扣作人質，但因公社委員內部意見不一，這一法令並未付諸執行。

後來有史家在總結巴黎公社失敗的原因時有一條定論：對敵人過於仁慈。巴黎公社還存在時有一個支持公社事業的巴黎市民曾給報紙寫信，呼籲"採取恐怖手段，寧可讓少數確實卑鄙的人流血"。不過筆者倒以為，巴黎公社不處決人質絕不是什麼過失，倒是明智之舉。

織工起義

　　這是一幅有關西里西亞紡織工人起義的歷史畫。在畫面上，貧窮無告的工人群起闖進一個資本家家中，向他提出自己的要求。但從站着的資本家蔑視的神情來看，他對織工們的要求顯然不以為然，不是斷然拒絕就是不予理睬。位於畫面正中的一個工人似已無力站起，癱坐在地上，她的孩子正關切地看着母親。從畫面一角掀開的簾幕可以看到這個資本家家中內室堂皇的陳設，與兩手空空的織工作對照，以此顯示貧富的分化與階級的對立。

◀◀ 德國畫家卡爾●威廉所作。基本上是對這一事件的直觀"圖"解，重在烘托社會上新出現的嚴重的階級對立。這幅畫既是在記錄歷史，同時也是在以圖像的方式表現作者的政治傾向。從繪畫的藝術角度來看這幅畫並沒有多少創新之處，但從其表現的政治內涵來看其意義就顯得特別重要，可以將其看作是早期無產階級藝術的濫觴之作。

　　就其事件本身而言，西里西亞的織工起義規模並不很大，持續時間也很短，但其意義卻極其重大，被列為歐洲無產者作為獨立階級出現的標誌之一。恩格斯曾這樣高度評價它在德國歷史上的地位："如果說資產階級的積極運動開始於1840年，那麼工人階級的運動則開始於1844年西里西亞和波希米亞的工人起義。"

　　這一事件的起因源自織工生活的極端困苦。西里西亞是德意志紡織業的中心，當時是屬於普魯士王國的一個省份。那時的紡織工人還不是利用大機器生產的產業工人，而是在家中為資本家加工織布的家庭手工業者。他們能得到的加工費極少。在當地資本家中對織工克扣最狠的是茨萬齊格爾(此人的形象已永遠被留在這幅畫中了)。因剝削有方，生財有道，沒幾年工夫他就造了六座華宅。當貧窮的織工向他訴說他們連土豆都買不起時，他竟嘲笑工人道，如果你們實在沒東西吃可以吃青草，今年青草長得很好。就是在這種情況下，1844年6月4日下午，織工們集體向茨萬齊格爾家中進發，要求增加織布的加工費，遭到拒絕，工人們還又一次受到他的嘲笑。這時被激怒的工人衝進他家，撬開房門，砸爛家具，撕毀賬本，還把倉庫裡的貨物扔出窗外。茨萬齊格爾被這突如其來的巨變嚇得不知所措，連忙帶着家人出逃。第二天，政府軍前來鎮壓，起義工人用應急的武器抵抗了一陣，因寡不敵眾而逃入山林。事後有89名起義者被判處徒刑。

● 軋鐵工廠

　　這幅畫作反映了19世紀後期德國工業飛速發展的現實。畫面上展現出一幕軋鐵車間生產時出鐵的繁忙景象。場地寬闊的廠房簡直成了鐵架的森林，到處都是鐵柱、鏈條、傳送帶。穿着皮圍裙的工人，有的推着輪車，有的握着夾子、爐叉。熾熱的熔爐噴吐着火焰。畫家在色彩處理上有意使畫面處於灰暗的色調中，煙霧彌漫，機輪滾滾，在喧囂和塵埃中鍛鐵發出火紅明亮的光。工人們在紅焰黑鐵間忙碌地工作。在畫面右下方畫家留了一小塊較為輕鬆的天地，在工作間隙中工人忙裡偷閒，有的人在吃飯，有的人在飯後以默坐來爭取片刻休息，很快他們又要化為大工業生產中微末的一個環節。

◀◀ 1875年德國畫家門采爾創作。在歐洲，藝術學院畫家的傳統題材是希臘神話和聖經故事。即使是突破傳統，表現現實生活，畫家也大多畫些紳士淑女、花草風景，總之風花雪月怡人眼目的東西才宜入畫。像這樣直接表現大工業勞動生產的繪畫作品是難得一見的。

　　1870年普法戰爭結束後，德國利用法國交出的戰爭賠款進行建設，工業發展很快。到19世紀末，德國一躍成為歐洲經濟實力最強的新興工業化國家，並且工廠的規模都比較大。像畫面上出現的這種軋鐵廠就是這樣的企業。

　　這幅難得表現大工業場景的畫作既是19世紀末歐洲工業發展的讚歌，也是勞動者淪為機器奴隸的寫照。幾十年後卓別林自導自演的電影名片《摩登時代》，着力批判的就是大工業生產流水線使人行為簡單化、磨滅人性情的一面。確實，與中世紀獨當一面的鐵匠相比，軋鐵工廠工人的勞動要乏味得多。這種情況早在工業革命時就有不少有識之士指出過，如英

國文學家狄更斯就在小說中進行過無情的揭露。這表明，人們在征服自然的同時也往往面臨着對自身精神的奴役，就比如科技的進步在給人帶來物質滿足時也有可能惡化人們賴以生存的環境。這是一種兩難的處境，值得人們慎作抉擇。

　　門采爾走上藝術生涯的道路頗有波折。他在18歲那年被迫從柏林藝術學院退學，理由是他"不適合學習藝術"。此後他就發憤刻苦自學繪畫技法，終於無師自通成為繪畫大師。未經藝術學院嚴格拘謹按部就班的培養對門采爾有很大影響，使他成為一個不受傳統規範約束的藝術家。

德皇加冕

這幅歷史畫描繪的是德意志帝國建立時的盛大典禮。

◄◄ 德國畫家安東●馮維爾納所繪，當時他年僅 27 歲。

1871 年建立的德意志帝國雖存在時間不長，統治的帝王也只有父子二人，但卻轟轟烈烈，建立時有隆重的典禮，覆滅時有悲愴的事件，在德國歷史上留下了重重的一筆。

加冕的日子定在 1871 年 1 月 18 日，170 年前的這一天，即 1701 年 1 月 18 日，普魯士的第一位國王弗里德里希一世加冕，標誌着普魯士國家的誕生，而出任德意志帝國首任皇帝的威廉一世又是最後一任普魯士國王，可見這個日子的擇定有重要的紀念意義。加冕的地點選在法國巴黎郊外凡爾賽宮的鏡廳。在此之前普魯士大軍已在普法戰爭中大獲全勝，普王進駐凡爾賽宮。有一天，普國王太子（後來的德國皇帝威廉二世）在與宰相俾斯麥談話時，看見富麗堂皇的鏡廳時突發奇想，激動地說：“這個地方正好用來慶祝皇帝與帝國的恢復。”言下之意新的帝國只是恢復了過去德意志人的帝國。鏡廳因其牆上有 17 面巨大的鏡子而得名，原是法王進行大型活動的場所。在外國的領土上舉行開國大典在歷史上是極為罕見的。

加冕的經過是這樣的：先由舉着 60 面旗幟的儀仗隊在軍樂聲中從鏡廳巨大的落地窗前通過，然後由巴登大公（威廉一世的女婿）

代表德意志諸侯領頭高呼：“皇帝兼國王陛下威廉皇帝萬歲！”在場的 2,000 名德意志諸侯顯貴、文武百官齊聲六次呼應“萬歲”。威廉一世身穿第一近衛軍團制服，站在鏡廳的高臺上，緊靠他的是近衛軍團被槍彈打得千瘡百孔的軍旗，他身後還有德意志中最大的兩個王國普魯士和巴伐利亞的國旗。德意志統一的功臣俾斯麥沒有穿油畫中的白色制服，他實際上穿的是黑色騎兵禮服。畫家大概為了突出他的地位給他設計了與眾不同的服裝。在軍樂聲中皇太子行古禮，像封臣那樣跪在父親面前吻他的手。不苟言笑的威廉一世大受感動，含淚擁抱了兒子和與他有親戚關係的諸侯。

在畫面上可以看到有些諸侯手舉金屬頭盔，殊不知就為這頂不起眼的頭盔，德國的統一差點受挫。在醞釀統一具體事宜時，巴伐利亞要求在軍隊中保留頭盔，而普魯士軍官團堅決反對。這事惹得俾斯麥大發脾氣說：“以後人們會在歷史書上讀到：德意志帝國沒能建立是因為將軍們不能容忍巴伐利亞的頭盔。”這才使得普魯士的軍官們閉口不言。

彼得大帝剪鬚

年輕的俄國沙皇彼得正親自動手剪去貴族的鬍鬚。這一場面雖然可笑，但卻含意深刻。畫中彼得身着西歐式樣的衣帽，而俄國貴族則穿着臃腫的俄式長袍。

◀◀ 這幅當時的無名藝人留下的彩色木刻，現藏於美國紐約的公共圖書館。此畫畫風樸實，構圖粗率，手法稚拙，帶有風俗畫濃郁的鄉土氣，其作者顯然未受過系統的藝術教育。這也反映了當時俄國在文化上還遠遜於西歐國家。

彼得大帝是俄國歷史上著名的改革家。他當政時曾實施大刀闊斧的激進改革，使俄國從中世紀國家開始步入近代化的歷程。他推行的剪鬚割袍的做法，就是他提倡改革的戲劇性表現。當時俄國貴族大多過着飽食終日、無所事事的生活。他們懶洋洋地拖着長袍，留着大鬍鬚，讓它垂到胸前，還要對它精心梳理，小心翼翼，一根也不能脫落，並認為這是"上帝賜予的裝飾品"，是俄國人區別於外國人的標誌。而在彼得一世看來，這正是俄國保守、落後的象徵。

1698年，彼得從國外考察歸來，很多貴族來見他，不料彼得突然拿起剪刀把他們的長鬍鬚都剪掉了。後來他還發佈命令：剪鬚子是國民應盡的義務，除神職人員外一律禁止留鬚。此後，誰要留鬍鬚必須出錢購買"留鬚權"，富商每年交100盧布，領主和官吏交60盧布，市民交30盧布。農民可以留鬚，但每次進城要交1戈比。政府還專門製作了一種小銅牌作為收據，上刻"鬚稅收訖"，留鬚人把它掛在脖子上，作為合法留鬚的憑證。銅牌上還有銘文"鬍鬚是無謂的負擔"。不久大多數人都嫌鬚稅太重而剃光了鬍鬚。1699年，彼得又在一次宴會上親自動手剪短貴族的長袍，並下令今後禁止穿妨礙工作和活動的舊式長袍，只許穿西歐式樣的短裝。彼得以這種激烈的方式表明他移風易俗大力改造俄國的決心。

在彼得剪鬚這件事上，留鬍鬚成了代表俄羅斯昔日傳統的一種文化符號，就像在歷史上中國男子留髮辮和猶太男子行割禮一樣，都是一種文化符號，其中蘊蓄着深厚的傳統文化的內涵。在古埃及，鬍鬚也曾被賦予特殊的含意，被當作身份高貴的象徵標誌，法老們都要戴上假鬍鬚。古埃及史上曾出過一位與中國的女皇武則天地位相仿的女法老，名叫哈特舍普蘇。她統治時期國力強盛，建築精美，文藝昌明，而在浮雕圖像上她的臉上也有着碩大的鬍鬚。

女皇虛情

　　這不是普通的俄國家庭的一家三口人。這三個人是彼得大公夫婦和他們的兒子保羅。湊巧的是這三個人後來相繼都成為俄國沙皇，分別為彼得三世、葉卡婕琳娜二世和保羅一世。

　　從這張全家福來看似乎這一家人關係和睦，感情甚篤。但事實並非如此。說起來真讓人不信，彼得三世是被他妻子廢黜的，或許也是被她派人殺死的。另外保羅的生父也不是彼得三世，而是宮廷內侍薩爾蒂柯夫。莫要看這對夫婦表面上相敬如賓，實際上是同床異夢，貌合神離，各自都另有所愛。彼得的情婦叫沃倫佐娃，是個姿色平庸的俗女子。而葉卡婕琳娜的情夫數目就要多得多，素質也要強得多。前期她的情夫主要是禁衛軍軍官奧爾洛夫，後期主要是波將金公爵，其他交往時間較短的就數不勝數了。

　　彼得是俄國歷史上大名鼎鼎的彼得大帝的外孫，但他早年在德意志生活，故而崇尚普魯士文化，不尊重俄國傳統習俗，行為怪誕。葉卡婕琳娜與他正好相反，身為德意志人，卻一到俄國就刻苦學習俄語，改奉東正教，處處像俄羅斯人那樣行事。這樣在人心向背方面就對葉卡婕琳娜有利。1761 年彼得繼位稱彼得三世。第二年 6 月 28 日清晨，葉卡婕琳娜在奧爾洛夫兄弟幫助下發動政變，宣佈廢黜彼得三世，自己稱帝為女皇。這時彼得想到的仍是他的情婦，提出不要把他與沃倫佐娃分開。後來在囚禁地，彼得仍不停地給他的前妻現任女皇寫信，希望她"皇恩浩蕩，盡早俯允我同一個叫沃倫佐娃的女人去德國"。

　　彼得只要活着就對葉卡婕琳娜二世統治的合法性構成威脅。不久他就在囚禁中神秘死去。彼得到底是怎麼死的至今仍是個謎，據說是被人用步槍揹帶勒死的。而女皇發表的文告則稱："前沙皇彼得三世痔瘡宿疾發作，並苦於劇烈腹絞痛……魂歸天國。"痔瘡會致人死亡，說來真匪夷所思。後來葉卡婕琳娜二世邀請法國一位啟蒙思想家來俄國作她兒子保羅的老師，這位學者婉言謝絕，他在給伏爾泰的信中不無揶揄地透露了拒絕的原因："我的痔瘡經常發作，在那個國家裡這可是一種重病。我寧肯屁股有病痛，但安全有保障。"1796 年女皇去世，這時繼位的保羅只有一個想法，要重新調查他父親（實際並非生父）彼得三世的被殺案。

在歷史上，一個女主（包括女王、女皇、垂簾聽政的太后等）要想駕馭群臣，賓服四方，其中的訣竅就是用其女性的魅力控制幾個能幹男人，由他們去為她治國平天下。葉卡婕琳娜就深諳此道。

▲　由俄國無名畫家創作。帶有民間裝飾畫的特點，畫幅飽滿、色彩絢麗、動感強烈，其風格倒與普加喬夫這位"僭越者"的裝束和身份恰相吻合。

普加喬夫起義

　　這是一幅有關普加喬夫起義軍的歷史畫，畫的是他們在一次獲勝後正要進入阿杜特里市，城裡的市民正簞食壺漿，以迎"王師"。居於畫面正中的普加喬夫騎馬揮刀，一身戎裝，但裡面又穿上一件繡金皮裡長袍，頭戴直筒無沿皮高帽，胸前佩滿勳章，顯得既華貴又俗氣。

　　普加喬夫起義是俄國歷史上規模最大的一次農民起義，發生在風流女皇葉卡婕琳娜二世統治時期。葉卡婕琳娜在歷代沙皇中還算比較開明，她對法國進步的啟蒙思想很感興趣，經常與伏爾泰通信，向他請教治國之道。但她當政也有對她不利的地方，除她是來自德意志的女性外，她的皇位來路也不正大光明。她是用政變廢黜其夫彼得三世取而代之的。另外她丈夫的死也很可疑，可能是被人勒死，她在這件事上有擺脫不了的干系。女皇的這些短處自然會被那些犯上作亂者利用，利用的方式之一是謊稱彼得三世沒死，他們就是彼得本人。普加喬夫就自稱彼得三世，未被勒斃而死裡逃生，他還會讓人看他頸子上的勒痕。

　　普加喬夫是俄國頓河地區一個普通的哥薩克，年輕時當過兵。1773年10月，他聚集了一支隊伍，以彼得三世自居，答應給人民土地與自由，號召農民起事，以清算那個"德國女人"、"魔鬼女兒"所犯的罪行。從外表看，普加喬夫同彼得三世毫無相似之處：彼得是高個子、窄肩膀，喜歡講德語；而普加喬夫中等身材，虎背熊腰，只會說俄語。儘管如此，在烏拉爾地區仍到處傳言：銷聲匿跡十年的彼得三世又出現了。成千上萬哥薩克投到普加喬夫麾下。農民們手持長柄叉、長柄鐮刀加入他的隊伍。實際上許多哥薩克並不真相信他是沙皇，他們說："他是沙皇也好，不是也好，這又有什麼關係？我們甚至可以用狗屎做一個親王。"起義軍在攻下喀山城打開監獄時，被放出來的人中就有普加喬夫的妻女。普加喬夫下令，讓這個婦女和孩子坐大車走。當別人問為什麼單單優待她們時，普加喬夫回答道："她們是普加喬夫的妻女，我彼得三世被投入監獄時普加喬夫曾替我受刑，所以對他的妻女要優待。"

　　起義軍的烏合之眾終究難以與女皇的正規軍抗衡。沒過幾年，普加喬夫在一次戰敗後被身邊的人出賣，捆住手腳，交了出去。普加喬夫跪倒在地，當眾承認自己冒充沙皇。他被戴上鐐銬，關在鐵籠子裡，裝在馬車上拉着遊街示眾，一路送到莫斯科。最後普加喬夫被判四馬分屍，承蒙女皇開恩，對這個冒稱他丈夫的人改為斬首處決。

俄軍投降

日俄戰爭中，旅順俄軍正向日軍投降，時間是1905年1月2日。在畫上可見交戰雙方的兩位主將。遠處硝煙繚繞，經多日激戰陣地上已光禿一片，了無生意。

日俄戰爭是20世紀初帝國主義國家間的一場惡戰，戰爭的緣起是日本與俄國兩國在遠東爭奪勢力範圍，說明白一些是要爭奪對朝鮮以及中國東北的控制權。

日本在幾十年前也曾有被西方列強宰割的危險，後經明治維新，"文明開化"，國力大增，按日本的說法是"脫亞入歐"，能夠與西方列強平起平坐了。一旦覺得國力漸強，頗感"國土狹小"的日本就向鄰國擴張，而對外擴張就要與已在遠東擴展勢力的俄國發生衝撞，這就是日俄大戰的起因。俄國本不把亞洲的島國日本放在眼裡，有一幅俄國漫畫把日本兵畫作是供俄國哥薩克充饑的早點。但出人意料的是俄軍在這場戰爭中海陸兩路都遭慘敗，這真是歷史的異數。當然日本損失也很大，自稱"以國運相賭"，不過是賭贏了。

日俄戰爭最慘烈的戰事發生在中國的旅順港。旅順是俄國向中國強行租借的軍港，是俄國海軍太平洋艦隊的駐地。俄國在此經營六年，從國內運來當時的新型建築材料水泥，修築要塞、炮臺，其堅固程度被謳為"固若金湯"。當時還有一個情況對日軍不利，俄軍已配備了當時最新式的馬克沁重機槍，而日軍沒有。1904年5月，日本陸軍發動對旅順周邊

南山高地的攻擊，傷亡4,000多人，數位之大讓日軍大本營認為前線報來的數位可能多加了一個零。

進攻旅順核心陣地的日軍指揮官是好勇鬥狠的乃木希典，他轄下的第三軍多達5萬人。第三軍發動總攻，因俄軍頑強堅守，死傷1.5萬人也未奏效。在戰鬥中乃木希典的兩個兒子斃命，但他不為所動，居然稱被包圍的俄軍死一個就少一個，而日軍要補充多少都行。乃木採取的對策一是從國內調重炮增援，再則讓一個少將率披白帶子的敢死隊進攻，但都沒有取得突破。日軍又轉而進行坑道作業，在地下鑿開巖石，填塞炸藥，爆破胸牆，炸毀俄軍堡壘，這才陸續佔領了俄軍堅守的一個個高地。當時戰鬥異常激烈，血雨腥風，日軍遺屍累累。攻打旅順的日軍總計13萬人，死傷竟多達9萬。在日軍大炮已能打到港內軍艦的情況下，旅順要塞的俄軍司令投降。

乃木希典雖因旅順一戰成名，晉升為大將，實際上他的指揮是一味蠻幹，強迫士兵發動近乎自殺的強攻。1912年日本明治天皇去世，乃木竟和妻子一道在家剖腹殉節。這種怪異的行為被日本統治者備加推崇，他本人也被軍界譽為"軍神"。乃木在旅順攻堅戰中採取的"肉彈攻擊"的愚蠢戰術直到第二次世界大戰後才被披露，為世人所知。

千人紅衫軍

這是對 1860 年加里波第率"千人紅衫軍"遠征西西里的傳奇經歷的描繪。站在高處身着紅色軍服的人就是加里波第，他正指揮志願軍與佔領西西里島的法軍作戰。

◀◀ 意大利畫家萊加特 1860 年創作。

加里波第與馬志尼、加富爾並稱意大利建國三傑。他們在統一運動中各自努力，歷時數十年終於將法國、奧地利等外國勢力逐出國土，使意大利由奧國首相梅特涅所説的"地理概念"變為統一的國家。

說起來這種醒目的紅衫軍服的選擇還純屬偶然。1843 年，流亡在南美洲的加里波第在烏拉圭組建了由志願者參加的意大利軍團。當時在考慮軍團制服時，有人發現城裡一家服裝廠積存了大量供屠夫穿的工作服。這些衣服本是為一家屠宰廠的工人準備的，但由於當地爆發戰爭沒有交貨。為了方便屠夫，這種工作服特意用紅布做成，為的是濺上血點也不顯眼。軍團制服就用這種現成的紅衣改製而成。剛開始加里波第不贊成穿這種衣服，但沒多久他也穿上了這種"加里波第衫"。當時有人這樣描繪他："緋紅色的上衣很合身，脖子上繫一條色彩鮮豔的小領巾。騎兵佩刀的皮帶把上衣紮得緊緊的。頭上像軍團其他人一樣，戴一頂插着羽毛的氈帽。"

後來加里波第率他創建的意大利軍團回國征戰，他的這支非正規部隊給人們留下了深刻印象："他們沒有任何軍銜標誌和囉里囉嗦的裝飾物，卻按美洲方式騎着馬，並且總是對正規部隊恪守戒律的作風表示出極大的輕蔑。他平易近人，與其説加里波第像個將軍，還不如説他更像個印第安部落的首領。" 1860 年，加里波第率"千人紅衫軍"遠征西西里。據他回憶當時的戰事是："千人軍雖服裝不整，但他們是人民的真正代表。他們以大無畏精神一個陣地一個陣地地爭奪。暴君的士兵，雖身着華麗軍服，卻在這種精神面前抱頭鼠竄了。"他率軍解放了西西里島，並同意將之併入意大利最強大的撒丁王國，為日後的統一奠定了基礎。事後撒丁國王給加里波第送來厚禮：給他兒子田莊，給他女兒嫁妝，給他本人古堡。但都被他婉言謝絕。他無私的品德更增其個人魅力，使得他後來雖寄居小島，身為平民，影響卻遠勝君王。

清朝末年梁啟超著《意大利建國三傑傳》，對三人讚賞備至，且表白恨不能自己也現身於意大利，"而為加富爾幕中一鈔胥手，而為加里波的（第）帳下一驅從卒，而為瑪志尼黨中一運動員"。他實際上是希望有"若三傑之人於我中國"。

1848 年革命

　　此畫的主人公是1848年匈牙利革命中的科蘇特。他站在木桶上揮手號召人民投身爭取民族獨立的衛國戰爭，在他身後飄揚的是新設計的匈牙利國旗。畫面中不少人身穿民族服裝，戴皮帽，着厚裘，頗有遊牧民族的着裝特點。匈牙利民族來源複雜，許多學者都認為匈牙利人是古代匈奴人的後代，歷經輾轉從亞洲經東歐草原遷來，那麼其服裝帶有遊牧民族的特點就不足為奇。

　　1848年，大半個歐洲爆發了革命，涉及的國家有法國、德國、奧地利、意大利、羅馬尼亞、捷克斯洛伐克、波蘭和匈牙利等。匈牙利在這場革命中堅持到最後，尤為引人矚目。

　　在1848年革命前，匈牙利被奧地利兼併，喪失獨立已有一個半世紀，被奧國議會認為是奧地利"不可分開、不可分離的組成部分"。匈牙利沒有自己的貨幣、軍隊，德語是官方語言。奧皇兼任匈牙利國王，並由奧皇指派總督管理匈牙利行政事務。但到19世紀中期匈牙利人中出現了自己的民族領袖，這就是科蘇特和裴多菲。科蘇特主張匈牙利脫離奧地利獨立，在議會裡他曾提出抵制奧地利貨物的提案；裴多菲則經常召集與他志同道合的青年知識分子在咖啡館開圓桌會議，商討救國之計。就是他們這些人形成了後來匈牙利革命的領導力量。

　　在1848年歐洲爆發革命風潮時，匈牙利人群起回應。3月15日，裴多菲在首都市中心民族博物館門前朗讀他寫的《民族之歌》。他以詩人的激情呼喚："起來，匈牙利人，祖國正在召喚！""我們宣誓，我們永不做奴隸！"聽者都齊聲呼應。與裴多菲重視宣傳鼓動不同，科蘇特注重用武力實現獨立，主張建立匈牙利國民自衛軍，他還出任新成立的國防委員會主席。匈牙利人還在路燈桿上吊死了奧皇任命的傀儡總督。後在佔絕對優勢的奧地利大軍進攻下，匈牙利國民軍抵抗失利。在此情況下，1849年4月科蘇特發佈《獨立宣言》，宣佈匈牙利是一個"自由、自立和獨立的歐洲國家"。他本人被選為國家元首。一段時間前線局勢好轉，但到5月俄國沙皇尼古拉一世出動14萬俄軍進入匈牙利，幫助奧地利鎮壓起義。俄奧大軍的夾擊最終導致了匈牙利革命的失敗。

為人所熟知的匈牙利詩人裴多菲就戰死在1848年匈牙利革命中，他留下的那首短詩"生命誠可貴，愛情價更高；若為自由故，兩者皆可拋"已膾炙人口，千古流傳。

▲ 水彩畫，北美佚名畫家創作。

波士頓傾茶事件

　　這就是當年波士頓傾茶的情景。畫面上，一些北美青年已登上停泊在波士頓港口的英國東印度公司的商船，其中有些人還化裝成了印第安人。他們正在把船上整箱的茶葉倒入海中，附近有前來接應的小船。東印度公司的商船上懸掛着英國國旗，遠處岸上有不少圍觀者。實際上傾茶是在1773年12月16日晚上進行的，大概不會有人會在漆黑的夜裡隔岸遠觀。

　　這裡的"傾茶"是指把茶葉傾倒進大海，這是在美國獨立前北美人民對宗主國英國的一種抗議行為。這件事影響頗大，直接引發了後來的獨立戰爭，並進而導致美國的建國。

　　18世紀後期，英國在經歷了與法國爭霸的"七年戰爭"後欠下了巨額國債，遂決定在北美殖民地徵稅以彌補虧欠，具體徵收的是針對法律文件和報紙的印花稅，遭到激烈反對。英國於是讓步取消印花稅，但規定對美洲進口的紙張、玻璃、鉛和茶葉徵收進口稅，又引起軒然大波。英國又作讓步，同意除茶葉外其他進口稅一律取消，且茶葉稅徵得很低。英國的目的只是希望"在權力上得到一丁點兒承認"，其考慮已不顧及經濟上的收益而轉為爭取政治上的名分。但恰恰就是這一丁點兒的茶稅引起了大麻煩。

　　當時英國東印度公司瀕於破產，英國議會同意東印度公司把積存的茶葉運到美洲殖民地銷售，並免交進口稅。北美人認為這侵犯了殖民地人民的自由，因為英國對殖民地進口茶葉是徵稅的。就是在此背景下，一些波士頓青年悄然登上東印度公司的三艘運茶船，把342箱茶葉全部倒入海中，以此否定英國有向殖民地徵稅的權力。

　　主張對殖民地採取強硬政策的英王喬治三世聞訊勃然大怒，他恨恨地說："局面現已無可轉圜，殖民地不是投降，就是勝利。"大多數英國人也不理解殖民地人民有什麼可抱怨的，他們認為，這些美洲人真是太忘恩負義了，英國軍隊以巨大犧牲和巨額耗費使北美免受法國威脅，難道這些人就不懂得知恩圖報嗎？很快英國作出了強硬的反應，1774年3月英國議會通過五項高壓法令。具體規定：封鎖波士頓港口；取消波士頓所在的馬塞諸塞的自治權；英軍進駐波士頓；取消殖民地司法權；將大片北美土地歸入英王直轄的魁北克殖民地。這些規定每一項對北美殖民地損害都很大，被北美人民稱為是"不可容忍的法令"，成了引發他們起而反抗英國統治的直接導火線。

▲　這幅題為《獨立宣言》的作品是特朗布林1786年創作的。約翰•特朗布林是美國一位主要從事獨立戰爭歷史畫創作的藝術家。他本人曾親自參加過獨立戰爭，一度任大陸軍總司令華盛頓的副官，獲得上校軍銜。他畫了一系列有關這場戰爭的畫作，畫面上都是人物眾多，場面宏偉，藝術感染力很強。此畫的畫面構圖略嫌過於整飭，體現出畫家新古典主義的審美情趣。

《獨立宣言》

　　展現在我們面前的是大陸會議討論通過《獨立宣言》這一立國文獻的情形。在畫面上並排站着的是《獨立宣言》起草委員會的五名代表：中間站着的高個男子是傑斐遜，在他左邊的白髮老人是著名學者、政治家佛蘭克林，站在最右邊的矮胖男子是約翰•亞當斯。

　　《獨立宣言》是美國歷史上最偉大的文件，它的發表是美國建國的標誌性事件。它向全世界宣佈了美國革命的原則，並且為新誕生的美利堅共和國奠定了立國的理論基礎。傑斐遜作為這一文件的起草人也隨之名垂青史。傑斐遜是個飽學之士，博覽群書，年輕時經常是每天要讀 15 個小時的書。他熟讀有關北美殖民地的建立以及英帝國歷史的著作，對北美殖民地與宗主國英國的關係進行過深入的思考。1776 年 6 月當北美殖民地建立的臨時政權大陸會議把起草《獨立宣言》的任務交給他時，他花了半個多月時間埋頭起草、修改宣言。在這段時間裡，他不參考任何一本書，動用自己多年苦讀而得的思想和知識積累，絞盡腦汁寫作，仔細推敲文字，簡直到了字斟句酌的地步。他寫下的內容，字字句句都是他考慮了很久的肺腑之言，反映了他的真實想法。值得注意的是，傑斐遜是在內心極為痛苦的情況下起草這部偉大文獻的。當時他的家庭生活頗多波折：母親剛剛去世，不久前他又死了一個孩子，愛妻正在生病。

　　真是應了"憤怒出詩人"這句老話，在極度痛苦中傑斐遜寫出的卻是字字珠璣的錦繡文章。為了向世人證明北美人民的反英鬥爭是正義的，他從哲學的高度堂堂正正地宣佈人民有權反抗暴政。在他的筆下出現了這樣振聾發聵的警句格言："我們認為下面的真理是不言而喻的：一切人生來都是平等的，他們被造物主賦予他們所固有的、不可轉讓的權利，其中有生命、自由以及追求幸福的權利；為了保障這些權利，才在人們中間成立政府，而政府的正當權力，則得自被統治者的同意；如果遇有任何形式的政府損害這些目的，人民就有權利改變或廢除它，並且成立新的政府。"宣言完稿後經大陸會議修改通過，成為與《大憲章》齊名的著名憲政原典。

擅長歷史畫的美國畫家約翰 • 特朗布林在 1786 年創作了這幅作品。這幅畫風格是古典主義的，用的是學院派的傳統畫法。此畫略有不足的是畫中人物的姿態和動作比較做作，帶有戲劇般的效果，整體造型類似於中國京劇中的"亮相"。人物形象也顯得過於完美，缺少戰場氣氛的煙火味。後來特朗布林把這幅畫捐給了美國耶魯大學。

崩克山之戰

崩克山戰役中，英軍發起了第三次進攻，已經衝到山頂。最能體現北美人民英雄氣概的時刻到來了。畫面上，北美民兵堅守的高地就要失守，兩軍短兵相接。在敵人面前，被包圍的北美民兵毫無懼色。一個民兵挺身站立，把衝上山的敵人打死。另一個民兵扶起受了重傷的戰友，大聲喝住對面衝過來的敵人。在畫中英軍士兵身着紅色軍服，而民兵則沒有統一軍服，就穿着自己平時的衣服。

崩克山在波士頓附近，地形很重要，如果佔領了山頂架上大炮，就能居高臨下地控制波士頓港口。1775年6月16日夜晚，一支1,500人的北美民兵奉命佔領崩克山。他們越過了崩克山，在緊靠崩克山的布雷德山頂趕修了陣地。第二天英軍決定拿下這塊高地。這天下午，一支3,000人的英軍進攻這個山頂陣地。他們踩着茂密的山間野草，以肩並肩的密集隊形走向山頂。守軍等英國兵走到離自己大約40步距離時一起開火，英軍傷亡很大。北美民兵雖然沒有受過軍事訓練，但他們的槍法都很準。英軍總共進攻了三次，在守軍打完子彈後才佔領了山頂，把北美民兵趕出陣地。在這次戰鬥中，英軍傷亡1,000多人，北美民兵傷亡400多人。

這一仗是雙方第一次硬碰硬的戰鬥。在此之前的交火都算不上是真正的戰鬥。在所謂的"列克星頓的槍聲"中，雙方在交火之後只死了八個人。而對英國人來說崩克山之戰是一次付出慘重代價的軍事勝利，讓他們發覺殖民地未經訓練的農民，拿起武器照樣可以與訓練有素的正規軍對陣。

崩克山之戰的規模用現在的標準去看簡直不值一提，甚至就連交戰的地點也說得不準確，實際上戰場是在崩克山旁邊的另一座山頭。儘管如此，崩克山之戰仍是美國獨立戰爭中的關鍵一戰。它的意義有精神上的，使殖民地人民知道裝備精良的英國正規軍並非不可戰勝；有軍事上的，表明不入軍事教程的散兵戰和單兵狙擊在戰鬥中同樣也很起作用；有政治上的，宣佈了和平解決衝突的道路已被堵死，從此雙方都決心用戰爭來解決分歧。因為有這樣多的重要意義，此戰才被美國人一再提起，有一艘航空母艦以此命名，畫家以此為題材入畫，且這幅《崩克山之戰》的畫作還成了美國藝術史上有影響的代表性作品。

佛蘭克林在凡爾賽宮

　　美國的佛蘭克林曾被邀到凡爾賽宮，與路易十六夫婦會見，這便是當時的情形。路易十六與王后並排而坐，佛蘭克林拿着他那頂眾人熟知的皮帽，穿着像教士服一般的黑衣黑褲，站在全套宮廷盛裝的貴夫人之間。在畫面中，他的簡樸與其他人的奢華，以他為主的深褐色調與整個宮廷的淡暖色調恰成鮮明的對比。

　　說起來佛蘭克林本不是個職業外交家，而是一位滿腹經綸的大學者。他很早就以一個科學家的身份名聞全球，人們都知道他做過的電學試驗，在打雷時放風箏手觸鑰匙感覺電流的存在；他還發明了避雷針。同時他又是一個文學家，寫過書，辦過報。在北美殖民地人民起義要求擺脫英國統治爭取獨立時，他又參與其中。因而有人以短詩稱讚他："他從天空制服了雷電，從暴君手中奪過了權杖。"就是這樣一個本不是外交家人選的佛蘭克林在 1776 年被派出國，出任駐法國的首席外交代表。現在看來這是再合適不過的安排了。

　　從外表上看佛蘭克林不修邊幅，沒有外交家的風度。他衣着樸素，不戴假髮，戴一頂皮帽子，不用當時上流社會人士必用的化妝品。土里土氣的樣子連他自己都感到有趣，他給友人寫信："想像一下我的樣子吧，戴一頂皮帽子，稀疏灰白的直髮隱約可見，帽子蓋至前額幾乎快至眼鏡。想一想這副尊容如何出現在巴黎的粉頭粉腦們之間。"但他有他獨有的魅力，博學多才，談吐優雅，交遊廣闊，很快

就成為巴黎社交界的名人。不管他在哪裡出現，周圍都會馬上聚集起一群人，人人都想同他交談，就連他的那口彆腳法語也讓法國人着迷。

　　佛蘭克林的這些品質使他在法國很得人望，同時他的活動為美國贏得了法國外交大臣韋爾熱納的支持。韋爾熱納認為，與新生的美國結盟是幫助法國在與英國的競爭中獲勝的最好辦法。法國給了美國大量財政和軍事援助。1778 年 2 月 6 日，《法美友好條約》在巴黎附近的凡爾賽宮簽訂。四個月後法國向英國宣戰，不久法軍出現在美國的戰場上。佛蘭克林的外交活動獲得了完全的成功。

在歷史上有不少外交家是靠個人的威望和魅力克服了困難，完成了極難完成的外交使命。在外交活動已程式化的現代這種情況不多見，而在古代乃至近代外交家個人的作用就非常關鍵。如果是博學風雅或是機敏聰慧的智者出使異邦，就往往能做到折衝樽俎，不辱使命。這樣的例證史不乏書。除了富蘭克林的故事外，還有中國的曾紀澤出使沙俄，據理力爭收回祖國大片疆土；法國的塔列朗蒞會維也納，巧於周旋使法國雖敗而不失利權。

簽署美國憲法

　　制憲會議的代表們在憲法文本上簽字的一幕。站在臺上的人是華盛頓，他一直在制憲會議中以自己崇高的威望起調和作用，以使大家達成妥協。在畫幅中心位置穿紅衣的人是麥迪遜，他正舉起右手在解釋什麼。麥迪遜對美國憲法的貢獻就如同傑斐遜在起草美國《獨立宣言》中所起的作用。

◀◀ 這可能是美國最有名的一幅歷史畫，是畫家霍華德 • 克里斯蒂在1940年創作的，原作已由美國國會收藏。克里斯蒂很少畫歷史畫，他擅長描繪名媛少女，尤其愛畫美豔的女性人體。他這方面的特長在第一次世界大戰中被用於創作徵兵海報。

　　18世紀美國獨立後建立的是一個鬆散的邦聯制國家，中央政府軟弱無力，國內政局很不穩定。1786年，一個叫謝司的退伍軍人發動起義，他的起義隊伍人數最多時達到1.5萬人，超過當年華盛頓統率的大陸軍人數。儘管這次起義不久被鎮壓，但這件事讓美國一些政治家感到國家政治體制存在着嚴重缺陷，要求建立一個堅強有力的中央政府。1787年，美國邦聯會議決定召開一次由各州代表參加的制憲會議。

　　這年5月，會議在費城原先通過《獨立宣言》的大廳裡召開。當時的13個州中羅德島拒派代表參加。在12個州的55名代表中，最有影響的人是華盛頓和佛蘭克林，他們被推舉為制憲會議的正、副主席。不過這次會議的靈魂人物是來自佛吉尼亞的代表麥迪遜。他身材矮小，但精通法律知識。麥迪遜提出了一個憲法草案——"佛吉尼亞方案"：按各州人口比例設立兩院制的立法機構；由立法機構選舉行政機構；由立法機構選舉司法機關。這一法案遭到小州反對。另外在總統任期、奴隸制存廢、國會許可權等許多問題上爭論都很激烈。為不泄露會議的秘密，在酷暑逼人的夏天會議廳的窗戶也遮得嚴嚴實實，以防室內的爭吵聲傳到外面去。幾經爭執代表們達成了妥協，終於形成了後來美國憲法的文本。9月17日是正式簽字的日子，年已八旬的佛蘭克林第一個簽字，他希望大家支持新的憲法。他邁着蹣跚的步伐，顫巍巍地走上主席臺，在憲法文本上簽了自己的名字。最後，參加會議的42名代表中有39人簽了字。

　　美國憲法規定的國家政治體制有兩個特點：一是實行中央政府有較大權力的聯邦制；二是實行立法、行政、司法三權分立的共和制。這不但在當時的世界政治體制中是個創舉，而且也使美國擺脫了國家行政管理乏力的危機，為它後來的蓬勃發展打下了堅實的基礎。

約翰·布朗發動的反奴
隸制起義雖被鎮壓,但
奴隸制問題在美國並未
得到解決。終於在
1861 年為奴隸制的存
廢爆發了南北戰爭。在
這場戰爭中,在北方軍
隊中最激動人心的軍歌
就是《約翰·布朗之
死》,其中唱道:"約
翰·布朗的軀體在墳墓
中腐爛了,他的精神在
引導我們前進……"北
方軍隊正是高唱這首軍
歌進入南方同盟的首都
里士滿的。

約翰 • 布朗起義

　　約翰 • 布朗是美國歷史上的一位英雄人物。這幅畫選取了他在起義失敗之際走出防守的房屋時的一瞬間，以表現他功敗垂成視死如歸的英雄氣概。在畫面上，白髮長鬚的布朗正艱難地走下臺階，有一個黑人婦女抱着孩子面對着他，布朗深情地注視着這個自己立誓要解放的黑人孩子。站立在他身邊的有不少着軍服的聯邦海軍陸戰隊士兵和着便服的民兵，以示約翰 • 布朗領導的起義是在寡不敵眾的情況下失敗的。

◀◀ 由美國畫家托馬斯 • 霍芬登創作。

　　約翰 • 布朗是一個激進的廢奴主義者，主張用武力解放美國南方的黑人奴隸。布朗不但坐而能言，也起而能行。1859年10月他率領一支由白人和黑人組成的武裝小隊，襲擊了位於弗吉尼亞州哈瀦斯渡口的一家聯邦兵工廠。他的目的是要以此警醒國人，徹底廢除臭名昭著的美國黑奴制度。後在附近民團和聯邦正規軍的圍攻下，約翰 • 布朗手下的人傷亡慘重，他與少數還活着的人成為俘虜。當時與他一起堅守兵工廠的一個戰友後來回憶道："布朗是我從來所見到的泰然面對危難和死亡而最冷靜、最堅定的人。他的一個兒子死在他的身旁，另一個兒子被槍彈洞穿，他一隻手按着他的垂死的兒子的脈搏，另一隻手緊握來福槍，萬分鎮靜地指揮着手下的人，鼓勵他們堅定沉着，為他們的生命索取盡可能高的代價。"

　　這是美國歷史上一個令人傷感而又悲愴的時刻。事情還沒有了結，八天後受傷的約翰 • 布朗躺在擔架上在法院受審。從行動上來看，似乎他是有罪的，他起事的隊伍殺死了哈瀦斯小鎮的鎮長。但從道義上來講，他不但無罪而且有功，他要以此激烈的行為喚醒國人埋葬奴隸制度。他自己對此充滿自信。當辯護律師在法庭上欲為他開脫，聲稱他精神失常時，遭到他的呵斥，他不願苟且偷生。判決的結果早在他意料之中，他被判處絞刑。臨刑前他留下的遺言是："我，約翰 • 布朗，現在堅信只有鮮血才能洗清這個有罪國土的罪惡。"但人們不會忘記他，美國作家愛默生這樣評價他："從來沒有一個比那位新聖徒更純潔或更勇敢的人，曾被對人類的愛引導着走向衝突和死亡……他將把絞刑架變得如同十字架一樣光榮。"愛默生將約翰 • 布朗與耶穌提到同樣的高度。

葛底斯堡戰役

　　這幅有關葛底斯堡戰役的歷史畫描繪的是南軍發動的自殺式的"皮克特衝鋒"。在畫面上戰事正呈膠着狀態，穿藍色軍服的北軍和穿灰色軍服的南軍混成一團，為爭奪一門炮短兵相接。冒着槍林彈雨衝上去的少數南軍士兵終於把一面旗幟插上了敵人的陣地，但這也到達了他們力量的極限，匹夫之勇終究無濟大局。

◄◄ 此畫作者選擇了這場戰役中最有戲劇性也最為悲壯的一幕來表現戰事，由攻防雙方的作戰態勢構圖，富有層次感，同時也極具動感。這是一幅優秀的戰爭歷史畫。

　　葛底斯堡戰役是一場遭遇戰，同時也是美國南北戰爭中決定勝負的關鍵一戰。在此之前的交戰中，南方軍隊是勝多敗少。但南方的物資供應條件較差，打仗只能速勝，不宜久拖。這就使得李將軍決心把戰事引到北方去，企圖利用北方的資源來供給他衣衫襤褸的軍隊。

　　1863年6月，羅伯特•李率領獲勝的南軍主力北佛吉尼亞軍團北上，一路上沒有遇到什麼抵抗。6月底在賓夕法尼亞州的葛底斯堡小鎮，他的軍隊與米德指揮的波托馬克軍團迎頭相遇。雙方實力相當，北軍9萬人，南軍不到8萬人。整個戰役持續了三天，最激烈的戰事發生在第三天。

　　7月3日，南軍進攻，1.5萬人在皮克特指揮下排成長長的隊列前進。前面是將近一英里全無掩蔽物的空地。在一片傾斜的開闊地上，藍色的佛吉尼亞軍旗在前面迎風開路，皮克特的戰士越過曠野和草地，就像在練兵場上行進一般穩步向前推進。北軍炮兵用密集的炮火猛轟他們，接着是雨點般的步槍子彈。南軍士兵穿過開闊地，每個人就都成了隱蔽在石垛和工事後面的北軍射手的活靶子。皮克特的部隊抵達被稱為"公墓嶺"的聯邦軍隊防線時，士兵人數大概只剩下出發時的一半了。接着便展開了白刃戰。這場被稱為"皮克特衝鋒"的進攻結局是只有100多人攻入北方軍隊的最後一道防線。一個南軍少校說："我們的軍旗在敵人陣地上迎風飄揚，爭奪戰壕的戰鬥是一場肉搏戰，但我們一半以上的人都犧牲了。我們的力量太弱，打不垮敵軍。"戰鬥結束時皮克特痛苦地對李將軍說他已沒有軍隊了，李自責道："這全是我的錯。"葛底斯堡戰役是美國內戰中最大的一次會戰，也是一個轉捩點，從此南軍由盛轉衰，再也無力大舉進犯北部。

美國南北戰爭是世界軍事史上武器換代連帶也影響到軍事思想更新的一場戰爭。在這場戰爭中，新式的後膛槍炮使得火器殺傷力大增，在此之前戰場上盛行的隊列衝鋒已經開始過時，取而代之的是散兵衝鋒。"皮克特衝鋒"全軍覆沒的結局也反映了這一變化。

李將軍投降

　　這是南軍統帥羅伯特•李在投降書上簽字時的一刻。他銀髮如霜，鬢鬚皆白，身着嶄新的軍服，盡可能表現出軍人的尊嚴和紳士的儀容。

　　從其本意上講，羅伯特•李厭惡美國的黑奴制度，他早就認為奴隸制"在任何國家都是一種道德和政治上的罪惡"。當美國南北雙方為奴隸制的存廢尖銳對立時，他已解放了自己家裡的黑奴，同時他也不希望國家分裂。在美國內戰終於爆發時，林肯總統曾有意對李將軍委以重任，許諾可以讓他指揮十萬大軍。可是李將軍按照自己的道德標準，決心效忠佛吉尼亞。他站在叛亂方一邊，並就任了南方軍隊總司令。

　　當時南北雙方力量十分懸殊，北方統轄有2,000多萬人口，而南方只有900萬人，其中還有500萬黑奴；北方工業發達，而南方主要是農業區，以棉花種植為主，難以長時期支撐戰時經濟。明眼人一看便知勝利女神最終將眷顧哪一方。儘管開戰初期南軍在李將軍指揮下打了很多勝仗，經常是發揮軍事素質之長以少勝多，但南軍漸漸耗盡了自己的力量。四年的浴血戰爭，雙方損失了60多萬人的生命，南方在北軍謝爾曼將軍橫掃一切的焦土政策下，大片土地成了廢墟。1865年4月，南軍將士饑寒交迫處於絕境。羅伯特•李手下有人提出正規軍化整為零轉入山林開展游擊戰，這一要讓北美大陸永無寧日

的建議被他拒絕。就在這時，李將軍當機立斷，決定在駐地附近佛吉尼亞的一個山村阿波馬托克斯向北方軍總司令格蘭特投降。為準備這次讓他有些尷尬的會面，李將軍換上新軍裝，佩上飾帶和短劍。他說："我可能要成為格蘭特的階下囚，但我要讓自己的儀表盡可能體面一些。"而格蘭特是從戰場直接趕來的，來不及換軍裝，他穿着沾滿泥點的軍服。

　　追隨羅伯特•李四年之久的北佛吉尼亞軍團的士兵，低垂着軍旗，從北軍隊列前走過，放下武器，繳械投降。李將軍在同格蘭特將軍談判時，要求聯邦政府保護並善待他的士兵。他還要求，允許那些帶着馬匹來當兵的南方士兵把牲口帶回家，這樣他們回家後還趕得上當年的春耕。兩人談妥了投降條件，南軍官兵在發誓不再拿起武器後獲釋。李將軍在投降書上簽了名。

從個人品格來說，李將軍是個無可指責的君子，但在有關國家命運的大是大非面前，他邁出了錯誤的一步，最終導致了個人的悲劇結局。

林肯被刺是美國歷史上的著名大案,此後政府非常重視對大員要人尤其是總統的保衛,最初由財政部負責建立機構專司其責,後來總統的保鑣數目更是驚人。但仍有總統(麥金萊、加菲爾德、甘乃迪)成為刺客的槍下之鬼,未被刺中或是受傷的總統人數更多。美國獨立初期像華盛頓、傑斐遜這些國父當時可以毫不擔心自己的安全,他們絕不會想到自己的繼任者以後會有如此危險的性命之虞。

林肯遇刺

此畫描繪的是林肯被刺時的一瞬間。長臉虯髯的林肯已經中彈，坐在他身邊的夫人在林肯遇刺時的惟一反應是不停地大聲尖叫。雷斯波恩少校不愧為是個軍人，他正轉身要與兇手搏鬥，惜乎為時已晚。

◄◄ 構圖雖然簡練，卻成功地營造出一種扣人心弦的氣氛。

美國南北戰爭進行了差不多有四年時間，到 1865 年 4 月終於以南方戰敗而落幕。4 月 14 日上午，林肯總統在白宮派人通知福特劇院的經理，他晚上要帶夫人和一些朋友去劇院看演出。本來聯邦軍總司令格蘭特夫婦也在被邀請之列，但格蘭特說他晚上要去看女兒只能失陪。實際上他失陪的真正原因是格蘭特夫人不願見性情暴躁的林肯夫人。

林肯夫婦由雷斯波恩少校和一位議員夫人陪同坐馬車去劇院，他們在樓上的包廂裡坐下看戲。負責總統安全的衛兵帕克應該守在包廂外面，但他發現這裡看不到演出，竟擅離職守到別的地方給自己另找了個座位。這一失職很快就帶來了嚴重的後果。那晚演的是一齣輕喜劇《我們的美國表兄》，其中妙趣橫生的幽默對話逗得林肯夫人捧腹大笑，而林肯還在想着一些國家大事，心思沒放在劇情上。

到十點多鐘，南方分裂活動的忠實支持者、演員蒲斯來到劇院，上樓推開包廂門。他掏出一支大口徑手槍，近距離地對林肯頭部開了一槍，子彈從左耳上方射進腦顱。林肯中了這致命的一擊，仰面倒下，不省人事。包廂裡的人都被驚獃了，雷斯波恩少校跳起來撲向兇手。蒲斯扔掉手槍，拔出一把獵刀，對着少校猛砍，砍傷了他的左臂。接着蒲斯跨過欄杆，跳到下面的舞臺上，折斷了左腿一根腿骨。他顧不上疼痛，硬撐着站起來，揮舞着手中的獵刀，對觀眾喊道："這就是暴君的下場！"這也是一句臺詞，本是古羅馬大將愷撒被殺時兇手說的話。然後蒲斯就跑出劇院，騎上事先準備好的馬，倉皇逃走。到第二天清晨，醫生多方搶救無效，林肯去世。蒲斯逃到鄉下一個農場的烤煙棚裡，被聞訊趕來的騎兵團團圍住。在混亂中一個士兵開槍擊中了蒲斯的後腦勺，與林肯受傷的部位差不多，他被抬出來後很快死去。

● 向西進發

　　這是美國史上一場延續了100多年蔚為壯觀的運動──西進運動的一個縮影，生動地刻畫了一群勇敢的普通美國人的形象。畫面上，舉家遷居的貧苦美國人正行進在崎嶇不平的山間小道，在他們眼前忽然出現了一望無際的草原，看來這就是他們此行的目的地。遠處有人在興奮地呼喊，近處有人在向同伴指點新的可供置業的家園，鼓勵後面的人快點向前。

◀◀ 這幅油畫的作者是美國畫家伊洛策。畫面的色彩土黃中帶點赤紅，既顯示出荒原的蒼茫感，又在暖紅的色調中讓人感覺到希望。這是表現美國"西進運動"的一件藝術傑作。

　　所謂"西進運動"直白地說就是對廣袤西部地區的移民開拓。自獨立以後美國一直在向西部遷移，這簡直成了美國人的一種生活方式。當年移民在西進路途中的生活很艱苦，道路崎嶇不平，每天風餐露宿。晚上移民們圍坐在用楊樹枝或野牛糞點燃的篝火旁，把大車排成方陣，放聲高唱古老的歌謠，用歌聲淹沒草原上野狼的嚎叫。有時西行的隊伍比較壯觀，大隊人馬乘坐上百輛大車，趕着上千頭牲畜浩浩蕩蕩進發。有些人甚至是隨着美國西部疆界的開拓在不斷西遷。比如美國總統林肯的家族就幾次西遷，先從老家佛吉尼亞沿着"荒原路"到肯塔基，再轉到印第安那拓荒，最後搬到更西的伊利諾斯定居。即使到了定居地生活也不輕鬆。有人這樣回憶他們初到一地安家時的情形："過了好些時候在地上鋪上一劈為二的圓木鋪成的地板，上面蓋上由楔形木板鋪成的屋頂，還開了一個正方形的窗口，但根本沒有玻璃，另外裝上一個煙囱。白天把來福槍放在腿上，夜裡把斧子和鐮刀放在床下作武器，以防印第安人萬一前來襲擊。"在那裡的每一件事，從蓋房子到做衣服，都是墾荒者自己所為。茫茫林海和無邊原野就是孩子們的學校和遊樂場。

　　說到美國西部人們自然會聯想到服裝獨特、不苟言笑的美國牛仔。在美國西南部的德克薩斯有世界上最好的天然牧場，適宜養牛。結果在開發西部邊疆的過程中，一批專事趕牛的牛仔就應運而生，他們的任務是把成群放養的牛從德克薩斯趕到北方去賣。在路上要走兩三個月，到目的地後牛仔們一拿到錢就會跑到當地酒館去盡情享受一番。這些牛仔似乎特別喜歡動武，一言不合就拔槍對射。他們的形象已成為美國西部片中的常客。

▲　美國畫家羅伯特・林德諾創作。此畫作者對印第安部落的不幸
遭遇顯然是抱同情態度的，他以畫筆來揭露聯邦政府對印第安人安
置的不公。畫家對人物、景物描繪得非常逼真，無論是天空的彤
雲，還是長在荒蕪地面的稀疏野草，都畫得栩栩如生，很有立體
感。另外畫面色彩亮麗，色調飽和，對比強烈。這些都使得這幅畫
作能夠以情動人，有極強的藝術感染力。

淚水之路

　　這是印第安切洛基部落正忍痛被迫舉族離開祖居之地的悲慘情景。畫面上，在聯邦軍隊士兵的武裝押送下，印第安人全家或騎馬，或乘坐大篷車，甚至是身揹重物，扶老攜幼地蹣跚步行。他們的臉上流露出無奈而絕望的表情，默默忍受着身心的痛楚。

　　在北美殖民地，來自歐洲的白人殖民者從登陸上岸就開始奪取印第安人賴以為生的土地。後來美國獨立後，隨着白人移民越來越多，失去祖居土地的印第安人也越來越多。他們被趕出家園，被迫遷入所謂"保留地"，這些保留地的生存條件一般都很惡劣。先是東部各個部落在白人武力押送下被迫走上這條讓他們流盡淚水的痛苦之路。1838年7,000名士兵奉政府命令把切洛基人從佐治亞州遷往遠在奧克拉荷馬的保留地。切洛基人在印第安人中文明程度比較高，他們甚至有自己的成文憲法，但這並沒有使他們免於被驅逐。一個擔任押送任務的士兵回憶道："我看到無助的切洛基人被拖出家門，圈在刺刀環伺的柵欄裡。在淒風苦雨中，我看到他們像牛羊一樣馱着東西上了四輪運貨馬車並開始西行。"這次被切洛基人稱為"淚水之路"的大遷移給他們帶來了深重的災難，一路上許多人死於凍餓和疾病，然後被隨處埋葬在沒有標記的墳墓中。

　　從19世紀60年代起，美國又開始了大規模向西部移民的西進運動。白人移民沿着密西西比河一路推進，成千上萬狂熱的淘金者侵入了印第安人傳統的狩獵區。印第安人曾試圖用武力阻擋白人湧入，但遭到的懲罰往往會更嚴厲。

　　1864年，夏延族印第安人襲擊了一個白人礦工村，後來他們被勸說放棄抵抗移居圈定的印第安人保留地。隨後白人對夏延族印第安人進行了野蠻的報復。據一個目擊這次報復的商人記述："印第安人被剝去頭皮蓋，腦髓被敲出，士兵用小刀剝掉婦女的皮，用棍棒打小孩，還用槍敲打他們的頭顱，割斷他們的四肢。"在許多白人移民眼中，只有死了的印第安人才沒有危險。謝爾曼將軍對處置印第安人有他的想法："如果我們今年殺得多一點，那下一年要殺的人就少了一點……反正他們都得殺掉，或將其作為窮光蛋的品種保存下來。"即使是聯邦政府原來劃歸切洛基部落的土地後來大多也被白人移民強佔，而這些土地原先政府宣佈是"永遠"歸印第安人所有的。就這樣北美印第安人幾乎失去了所有祖先留給他們的土地。

自由女神像揭幕

1886 年自由女神銅像揭幕儀式的歷史再現。畫家從遠處海面的視點仰望銅像，以襯托其高大挺拔的身姿。天際白雲繚繞，海天一色，眾多插滿彩旗的船隻環繞巨像。

◄◄ 畫幅上色彩和暖，洋溢着盛典的節日氣氛。那是美國人充滿了期待和幻想的一個時代。

位於美國紐約的自由女神像豎立至今已有 100 多年的歷史，已成為美國最有象徵意義的標誌物。這座銅像頭戴花冠，右手高舉火炬，神情蕭穆，左手抱着美國《獨立宣言》書。銅像身高 46 米，連同基座共有 93 米，僅一個火炬就有 4 米高，上面可以站立 12 個人。

這座銅像的作者是 19 世紀的法國雕塑家弗雷德里克•巴托爾迪。當時法國有人提議在 1876 年美國獨立 100 周年時，為紀念法、美兩國的友誼豎一塊紀念碑。巴托爾迪自薦承擔紀念碑的設計任務，在美國豎立一尊"照耀世界的自由女神像"。畫稿完成後要放大幾十倍鑄成銅像，這在技術和工程上都有困難。巴托爾迪請設計巴黎埃菲爾鐵塔的工程師出主意。工程師埃菲爾建議：銅像用鋼鐵作骨架，外面用銅片包裹以減輕重量。1885 年，被拆成銅片、角鐵的雕像運到美國，巴托爾迪親自去紐約察看地形，最後選定貝德路斯小島作為自由女神像的定居地。美國國會為這尊銅像還通過了決議：總統將代表美國人民接受這尊女神雕像。在巴托爾迪親自監工下，銅像被安裝在基座上，僅銅鉚釘就用了 30 萬個。

1886 年 10 月 28 日，美國總統克利夫蘭主持了銅像的揭幕儀式。自由女神在禮炮聲中盡顯其姿容。自由女神像豎立的地方是美國歷年來移民由海路入關的重要口岸，今天在銅像的基座裡美國還專門建立了移民博物館。當年雕像豎立時，許多來美國的移民為之激動不已。在銅像的一塊銘牌上，刻着俄國猶太移民女詩人拉扎勒斯寫的詩：

都給了我吧，疲倦的人，窮苦的人，
渴望自由呼吸的芸芸眾生，
喧鬧海邊的可憐蟲，
都送到這裡來，無家可歸、風吹雨打的人們。
在金門之旁，我高舉明燈！

詩人似乎把美國當作全世界孤苦無告移民最可信賴的樂園。但事情並不能讓人這樣樂觀，在歷史上，對眾多來自亞洲的非白人移民或即使是來自東歐、拉美的白人移民，北美新大陸並非總是高舉明燈竭誠歡迎。在勞動力匱乏時，輸入一些廉價苦力還可以容忍，一旦在不急需外來勞力時這些移民的入境就成為難事，比如在19世紀後期美國就出現過一次次排華風潮。

強暴黑人婦女

　　此畫揭露了歐洲殖民者的罪惡。畫面上有三個作為施暴者的白人男子，兩人已褪去衣衫，原形畢露，另一人尚衣冠楚楚，顯出手足無措的窘相。被當作性攻擊物件的黑人婦女則驚慌失措，拚命掙扎。她身上的衣服已被剝去，被一坐在床上的赤身男子抱住，其厄運難以逃脫。

◄◄ 荷蘭畫家克里斯蒂安●范科文堡的作品。作者在感情上顯然是同情淒苦無助的黑人婦女，但他對她形象的描繪卻讓人不敢恭維。黑女人的膚色被誇張成漆黑一團，整體形象缺乏美感，在與白人男子的形象對比中明顯處於劣勢，可見作者仍有着種族的偏見。

　　在歐洲殖民者統治各殖民地時，當地土著居民地位低下，屬於弱勢群體，而土著居民中的婦女就更是雙重的弱勢群體，個人尊嚴和人身權利都得不到保障。早在哥倫布帶領西班牙人探險美洲大陸時，就有記載，有些隨行的西班牙軍官每到一地竟以姦污酋長的妻子為樂，更有在一部落讓當地300名少女一絲不掛跳舞行樂的醜事。

　　最近發生的一件事似與這幅畫表現的主題也有些關係，值得説説。2002年2月法國議會通過提案，同意將所謂"黑維納斯"的遺骨歸還南非。"黑維納斯"是個南非婦女，生於1789年，原名薩吉●巴特曼。她有着與眾不同的生理特徵，臀部肥大，外生殖器生長異常，陰唇像簾子一樣肥大下垂。當時有個英國的人販子對她有興趣，1810年在她21歲時把她騙到倫敦，當作怪物公開展覽。她常在下等酒館和妓院裡，光着身子站在高臺上，有時還被迫故意暴露陰部。1814年她又被一家法國馬戲團買下運到巴黎，並被冠以"黑維納斯"之名吸引觀眾。巴特曼1816年得病去世後，法國著名學者居維葉對她進行了屍體解剖，將她的大腦和生殖器製成標本，然後重新拼裝她的屍骨。當時居維葉對巴特曼解剖後的結論是，她的頭骨下陷扁平，使她注定成為"劣種"。他甚至把她當作"劣種人"的代表，稱她是"介於人類與動物之間的一種生物"。遲至今日法國同意歸還她的遺骨，讓她回歸故里，總算是洗刷掉了一點歷史上種族主義性歧視的污跡。

筆者以前看美國大導演斯皮爾伯格所導揭露販賣黑奴罪惡的電影《阿米斯塔德》(或譯為《斷鎖怒潮》)，見到片中男女黑奴都裸身被鎖在艙中，每到放風時，西班牙船員就把中意的黑人少女拉到艙外隨意調笑，醜態百出，看來這是有歷史依據的。

▶▶ 這幅油畫是非洲塞內加爾藝術家瑪法利•塞納創作的。從繪畫風格來看，這幅畫帶有濃烈的非洲傳統藝術風格。即使把對歐洲早期藝術有重大影響的北非古埃及藝術撇開不談，就是單論位於撒哈拉以南的黑非洲傳統藝術成就也極大，有着獨特的美學價值。其風格講究的是造型粗獷誇張，線條簡潔傳神，有自身特殊的藝術韻味。西方現代藝術大師畢卡索、馬蒂斯等人的創作就深受其影響。到 20 世紀由於西方繪畫傳入，不少非洲藝術家也受西方畫風影響。此畫就反映出作者已有一定的素描功底，掌握了繪畫比例關係，顯然接受過正規的西方美術教育。不過此畫仍不失非洲的民族藝術傳統，表現形式通俗易懂，造型簡潔粗放，色彩絢爛明快，對人物面部不作精描細繪。西方批評家稱這種藝術是所謂"稚拙藝術"，但其可貴的脫俗之處正是這些"稚拙"的地方。

格雷島奴隸城堡

在塞內加爾歷史上，有一個有名的格雷島販奴城堡。畫面上看到的是城堡的內景，在中心位置上有一個通往海邊的門洞，正是從這個門洞每年有數以萬計的黑奴被運往美洲。畫中穿西式便服的是白人奴隸販子，他們指揮着受他們僱傭的黑人槍手押送披枷戴鎖的男黑奴，幾個女黑奴無奈地站在一邊。有兩個黑奴或因患病或因捱打已倒在地上，奄奄待斃。

說到黑奴貿易，這一被馬克思稱為"販賣人類血肉"的罪惡行徑是西方殖民活動史上最黑暗的一頁。販奴過程大致分捕捉、運送和出售三個階段。具體捕捉採用綁架襲擊和挑動戰爭這些方法，尤其是後者，只要挑起一場戰爭就可以把成千上萬的戰俘變為奴隸。在販奴年代，有些非洲國家或部族在殖民者挑撥下熱衷於相互征戰，目的就是用戰俘去與歐洲人換槍炮。捕捉到的奴隸要運往沿海的販奴據點。這幅畫中描繪的格雷島就是一個由法國人控制的販奴據點。到達據點後歐洲奴隸販子要對到手的黑奴進行侮辱性的檢查。有目擊者記載了這一過程："在那裡，醫生對每一個人，連小孩在內，都渾身進行檢查，男男女女都脫得一絲不掛。凡是被認為健康良好的人，單放在一邊；另外把一些不合格的奴隸歸在一起。"販奴過程中的橫渡大西洋則更為悲慘。販奴船一到，黑奴就被剃得精光，手腳用鐵鏈捆着，一個個塞進船艙，人擠着人，連彎腰舉腿都難。奴隸中只要有人得病就會立刻互相傳染，一路上死亡率很高。據學者估計，在這段大西洋航程中大概只有一半的黑奴能活着渡過大海。即使是到達了美洲也不意味着災難的結束。經過奴隸市場的拍賣，他們中大多數人都被賣到種植園中，超強度的勞動使他們的壽命大為縮短。粗略估算起來，歐洲國家400年的販奴貿易使非洲大陸至少損失了一億人口。

對於罪惡的黑奴貿易，美國著名作家亞歷克斯•哈里這樣寫道：

18、19世紀，

黑人的每一滴淚水，每一條傷痕，

都承受着白人奴隸主的罪惡。

然而，

爭取自由的信念，

從靈運開始就如此地堅定。

回去！回到美麗的黑非洲去！

19世紀的美國畫家劉易斯・米勒所作。線條簡約，色彩清淡，雖是作者急就而成的作品，畫面仍很有感染力。

拍賣黑奴

　　我們看到的是美國南方拍賣黑奴的情形。經紀人站在木箱上，在向三個南方紳士打扮的男人介紹一個雙手被縛的黑奴。在畫面另一側有個抱孩子的女奴。大概這是一筆一家三口一塊拍賣的買賣，尚在繈褓中的幼兒已是他未來主人的財產了。

　　在美國南方，奴隸是主人的財產，主要在種植園勞動。但這份財產的價格不菲，因為在19世紀初美國已公開禁止從非洲販奴來國內，到南北戰爭爆發前一個身強力壯的黑人男勞力價格高達2,000美元。這在當時是一大筆錢，故而那時在美國實際上盛行着黑奴走私貿易。奴隸販子從西非海岸廉價收購這種值錢的"黑色象牙"，運到監督不嚴的港口卸貨，再轉到南方城鎮去拍賣。具有諷刺意味的是首都華盛頓居然也是黑奴的轉運站。如果販奴船碰巧被政府海軍查獲，船上的黑人就會被送到非洲的利比里亞去，政府計劃在那裡建立黑人國家。當時有個南方參議員在國會提議，最好把這些黑人交給心地善良的種植園主進行"學徒培訓"，而不要白白浪費掉。

　　南方的大種植園種植的作物主要有棉花、煙草、甘蔗等，奴隸集體勞動，由奴隸領班具體監督分配，工作時間很長，每天從太陽升起一直要幹到日頭西沉。但在南北戰爭前不少南方人卻為奴隸制度辯護，説這是一種很人道的制度。其理由五花八門，比如認為黑奴一般都會得到主人的善待，因為他們是主人的貴重財產，一個人怎麼會隨意毀壞他自己的財產

呢？還有認為南方的奴隸制度要比北方的僱工制度仁慈，因為黑奴年老不能幹活時還可住在主人家中安度晚年，而在工廠幹活的工人一旦年老就會被工廠主一腳踢開。

　　在南北戰爭前後美國出了不少讚美南方奴隸制度的小説，描寫黑奴在那裡過着快樂的生活，他們是主人家中得寵的僕役，與主人關係親密無間。奴隸主與自己的奴隸在地裡一起幹活，對待他們如同對待親生兒女。著名長篇小説《飄》就是其中典型的一部。

　　當然歷史真相並非如此，此處僅引美國教育家塞格爾•豪1846年在新奧爾良親眼看到的一次奴隸主對女奴的鞭刑懲罰為證："一個黑人姑娘臉朝下趴在一塊木板上，除了那塊木板遮擋她完全是赤裸着。每一鞭都會掀去她身上的一片皮肉，或者粘附在鞭子上或者掉落在木板旁，鮮血便從傷口湧了出來。"而這個姑娘所犯的過失是微不足道的。

在美國這樣一個標榜自由、人權的國家，竟然長期容忍奴隸制度存在實在是自相矛盾的。英國小説家狄更斯對此感到困惑不解，他認為這種自相矛盾要麼讓人對自由原則產生懷疑，要麼證明美國的自由民主是虛偽的。今天我們已經很難理解當年美國南方紳士維護奴隸制度的那種狂熱而偏執的感情了。

▲　作者是當地無名的土著畫家，畫風稚拙淳樸，沒有受過正規的美術教育。可以説這幅畫反映出的是在土著居民眼中的歐洲人形象。

● 迎接總督

　　此畫表現了19世紀英國在非洲的殖民統治。畫面上在殖民地權勢形同君王的總督剛到碼頭，一大批他的下屬官員和黑人士兵正列隊迎接。水面上有幾艘西式輪船，其中一艘較大的汽船煙囪中還冒着嫋嫋白煙。岸上有幾幢西式樓房，大概是供總督行使其管理權力的府邸。在兩名高級官員（一民事一軍事）的陪同下，或許是從倫敦長途跋涉而來的總督正通過長長的棧橋步向總督府。

　　英國在其每一塊非洲殖民地都派有總督。他們是由倫敦的殖民部任命的，名義上代表英王，管轄的地區或許比英國本土還大。這些總督一般都有爵位，貴族氣很濃，講究排場，行為舉止有時看起來如同幾百年前的古人。他們住在建造得像一座小王宮似的總督府裡，身邊僕役、侍者成群。與今天穿着隨便的英國人大不相同，當時在非洲一個人要統治成千上萬土著的英國殖民官員都極為講究儀表風度。在熱帶非洲夏天氣溫高達40度，他們即使渾身大汗淋漓也要衣冠楚楚，身穿白色禮服，手拿一根紳士用的文明棍，腰板挺得筆直，說的英語中帶有牛津腔。在非洲的英國紳士還有一個醒目的標誌，就是頭上必戴一頂白色遮陽帽。當時在英國人中流傳着這樣一種說法：白人如果出門不戴遮陽帽，一定會被毒日頭曬死。在這幅畫中就可見到總督和其他有身份英國人必備的遮陽帽。

　　從圖上還可看到在岸邊荷槍實彈列隊迎候的黑人士兵。這是英國在非洲統治的另一行之有效的方式，就是訓練一支由當地土著組成

的軍隊，稱之為"皇家非洲步兵"。雖然士兵都是黑人，但軍官基本上全是英國人。這支軍隊除在平時為總督當儀仗隊起震懾作用外，到戰爭時期還要被英國調到遙遠的海外去為帝國打天下。讓殖民者意想不到的是，經過戰場的浴血奮戰，黑人士兵在心理上破除了認為白人優越的神話。他們發現"子彈在黑人和白人身上效果是一樣的。在度過了幾年射殺白人敵兵的時光後，非洲人不再把白人當神看了"。後來這些軍人許多都成為民族解放運動的中堅力量。

　　在各英屬非洲殖民地，白人人數雖然不多，但都形成各自獨立封閉的社交群。在城市中有專供白人活動的俱樂部，英國人往往把這些俱樂部看得比自己的家還重要。在英帝國的鼎盛之時，有人在訪問了英國的東非殖民地肯尼亞後這樣描寫當地的英國人："他們吃的是山珍海味，過的是優越環境中的享樂生活。他們逃避交納國內的稅收，在獵獅和相互勾引彼此的妻子中尋求樂趣。"不過這種紙醉金迷的生活今天已永遠成為畫中之夢了。

祖魯王國亡國被併入英國殖民地時，英國人畫了這一頌揚帝國軍威的畫作。後來英國還拍了一部名為《祖魯戰爭》的電影，以再現英軍用新式的大炮、後膛槍打敗手執刺矛的祖魯人的經過。但是武器如此懸殊，對英國人來說應該是勝則平常，談不上什麼榮耀；敗則蹊蹺，倒是奇恥大辱。

殺戮祖魯人

這是英軍 1879 年在南非對當地祖魯人的一次屠殺。畫面上身穿猩紅軍服的英國騎兵正策馬衝向祖魯武士佔據的一個小村落，在他們面前祖魯人已屍橫遍野。可見一場激戰或說是屠殺剛剛發生。

◄◄ 這幅水彩畫的作者是英軍中的隨軍畫家，任務就是畫下他看到、瞭解到的事情，職責類同後來的攝影記者。顯然這位畫家受過良好的美術教育，繪畫技法嫻熟，尤其擅長描繪風景，畫風頗有18世紀英國水彩風景畫派的威爾遜、科曾斯等藝術家的遺韻。畫家着意描繪作為殺戮場背景的南非的鄉野景色：霧靄、山巒、修木、草屋。在18世紀中期，英國畫家就注意到了水彩顏料在表現自然景物方面有其獨特的長處，比油畫作品更有詩意。這幅畫中的風景就畫得很美，色彩濃重，畫面充滿着一種草木明麗、天朗氣清的舒暢感。但且慢自性怡悅，觀者只要將視線從背景移至前場，看到這一場發生在不同文化背景、不同種族間的大屠殺，心情就會頓時凝重起來。

說起來，在非洲各民族中南非的祖魯人是最驍勇善戰的，同樣是在 1879 年祖魯武士曾用低劣裝備大敗英軍。當然最終祖魯人仍被打敗，但戰敗的根本原因是武器相差懸殊。祖魯士兵用的主要是刺矛，戰鬥時採用人海戰術，排成密集的隊形，以盾牌為掩護執矛衝鋒。祖魯軍隊的高明之處是在佈陣上有自己的創造。作戰時通常都排列成所謂"公牛角"隊形，中央是作戰的主力，左右兩側輔攻。在進攻時，中央的主力部隊有意放慢速度，讓兩側部隊迅速包抄敵人，而後主力跑步衝鋒，奮力擊潰陷入兩面夾擊的敵人。陣法雖然高明，但長矛和盾牌終究難以抵擋火器。祖魯人也意識到了這一點，在與英軍大戰前的幾年內，祖魯國王就曾試圖從外界換來一些槍支彈藥，還招募英國逃兵幫助訓練軍隊，不過到手的火器到底數量有限。

1879 年 1 月，三萬祖魯大軍襲擊入侵的英軍，趁夜幕降臨與英軍展開白刃戰，消滅1,000 多人，這是自殖民者入侵以來非洲人取得的最大的勝利。恩格斯曾稱讚祖魯軍隊"做出了任何歐洲軍隊都不能做到的事情。他們沒有槍炮，僅僅用長矛和投槍武裝起來，在英國步兵後膛槍的彈雨之下，竟然一直向前衝到刺刀跟前，不止一次打散英軍隊伍，甚至使英軍潰退"。但沒過多久，英軍集結兩萬多人，調集大炮擺開方陣，在7月的一場大戰中重創祖魯人，密集的火力使祖魯軍隊無法靠近對手。大戰之後祖魯王被俘流亡英國，祖魯王國亡國被併入英國殖民地。

中國是在 19 世紀 40 年代初被英國以鴉片加大炮打開了門户，從此淪入了學者所稱的半殖民地半封建社會。這一巨變對後來 100 多年的中國歷史都有深刻影響，以後出現的外禍、內亂、造反、革命以至對現代化的追逐都與這一海通事件有關。

● 柏利叩關

19世紀50年代，美國人柏利曾來到日本，向日本幕府遞上了美國國書。遠處海面上停泊的便是柏利的"黑船"，兩名日本幕府官員在海邊手執摺扇迎接身穿海軍軍服的柏利。值得注意的是，在柏利身邊居間介紹的是一個腦後拖着長辮的中國人。柏利艦隊在來日本途中曾在上海短暫停留，此人或許就是柏利在上海聘用的通譯、文員一類人物。

◀◀ 當時的日本畫家所繪。在畫風上相容日本浮世繪色彩濃豔和西洋油畫注重寫實的兩種風格，是西風東漸的形象寫照。

1853年初，日本幕府政權得到消息，有一個名叫柏利的美國海軍準將帶領一支有四艘軍艦的小艦隊，準備用武力強行闖入日本。7月8日，當柏利艦隊在江戶灣的浦賀港啟錨時，日本寺院鐘聲長鳴不斷，婦女們合掌向神社祈求降一場暴風雨，把美國艦隊沖垮淹沒。海面上，日本的小木船團團圍住美國軍艦，怒氣沖沖的日本人抓住艦上的纜繩往上爬，美國水兵則搖撼纜繩，使日本人紛紛落水。當晚浦賀地方官員上了柏利的船。柏利帶來了當時美國總統的國書，要求日本開放口岸與美國通商。浦賀地方官員不敢作主，表示要向幕府請示。

幾天後，幕府同意派人在海岸接受美國國書。這一天，柏利挑選了300名水兵上岸。會談時，幕府代表態度冷淡地宣讀了政府的回覆。日本接受美國國書，但要求柏利艦隊立即離開，並隻字不提是否接受美國的通商要求。柏利當即宣稱明年春天要帶更多軍艦來日

本聽候答覆，然後就率水兵回艦返航。由於柏利艦隊的船身都漆成黑色，所以日本人稱之為"黑船"。

在柏利艦隊離開後，60歲的日本幕府將軍因過於憂慮得病而死，由年輕將軍接任，實權掌握在高官阿部正弘手中。阿部性格懦弱，主張接受柏利的通商要求。幾個月後，柏利於1854年2月11日率九艘"黑船"再次來到日本。幕府屈於武力，恭順地接待柏利，同意舉行談判。柏利把帶來的禮品送給日本代表。禮品中有一個小型蒸汽火車，與一頭毛驢大小相當，可在一段環形鐵軌上開動。柏利讓人把火車安裝在談判大廳旁，日本代表在談判休息時總喜歡騎這臺機車玩耍。經過六周談判，阿部正弘答應了柏利的要求，簽署了《日美神奈川條約》。條約規定：日本向美國開放下田、函館兩港口，美國船隻可以在這兩個港口加煤加水，補充糧食物品；美國派領事駐在下田。從此日本被迫門戶開放。

● 奉還大政

　　這幅畫描繪幕府決定"奉還大政"的情景。畫面上出現的是江戶（東京）幕府將軍府的議事大廳。日本仿中國上古習俗，不用桌椅，席地而坐。端坐在屏風前的末代將軍德川慶喜，面對眾藩主、大名、家臣宣佈他"奉還大政"的決定。他準備以退為進，名義上把權力奉還天皇，自己再通過藩主會議掌握實權，但後來事情的發展卻出乎他的意料之外。

　　"奉還大政"是指日本史上掌握實權的幕府將軍在 1867 年主動向天皇交權的事。天皇大權旁落已有幾百年歷史，豈有擅權者願拱手讓權？說起來此事還有個來由。 1853 年日本國門被美國海軍準將柏利以武力威脅叩開後，西方列強接踵而來，日本處在民族危亡的緊要關頭。這時一些有救亡意識的地方官員和下級武士提出"倒幕維新"的口號，要推翻幕府統治，推進國家統一，並尊重天皇的地位。就是在這樣的背景下，幕府將軍德川慶喜 1867 年 11 月 9 日奏請"奉還大政"，願意辭去"征夷大將軍"的職務，企圖以此消除倒幕派起兵的理由。

　　在天皇批准幕府"奉還大政"後，德川慶喜既不交出兵權，也不歸還封地，而是集中一萬精兵在大阪待命。於是倒幕派約定以武力逼迫幕府真正"奉還大政"。 1868 年 1 月 3 日，在倒幕派策動下，天皇發佈"王政復古大號令"，廢除幕府，令德川慶喜"辭官納地"。 20 日，德川慶喜宣佈這一號令為非法。由

　　"奉還大政"引起的爭執終於導致了戰事。 27 日，天皇軍與幕府軍在京都附近的鳥羽、伏見地區激戰三日，5,000 人的天皇軍戰勝了一萬多人的幕府軍。德川慶喜慨歎："三百年天下，三日之間失之！"

　　新政府成立後進一步削除割據勢力，首先實行奉還版（土地）籍（人民）。這是以前"奉還大政"的繼續。先由倒幕派控制的西南四藩於 1868 年 4 月 25 日申請奉還版籍，交出領地。強藩帶頭，各藩不敢不競表忠誠，紛紛申請奉還。 7 月 25 日，天皇批准各藩奉還版籍，把藩主變成藩知事，剝奪了他們對土地、人民的領有權。 1871 年，新政府又發出"廢藩置縣"的命令，打破藩界，將全國行政區分為 3 府 72 縣，由中央政府任命府縣知事。至此，日本的行政才真正由中央統一管轄，"大政"由天皇政府執掌。

這樣主動提出辭官的做法往往是一種以退為進的政治遊戲，是當不得真的，如果信以為真照准了，就必然會引起戰亂兵禍。

在中國清代末年也曾派使團出國考察，如1905年載澤、端方等"五大臣出洋"考察憲政，歷時也有九月，同樣歷經十餘國。在日本，曾為岩倉使團成員的伊藤博文為他們講解日本憲法；在德國，他們也同樣發現德國以武立國，"國民皆有尚武之精神"。但"五大臣出洋"考察的效果卻遠不能與岩倉使團相比。他們西遊歸來不但未能開出救世良方，就連有關憲政的報告還要請避居日本的欽犯梁啟超和身為布衣的楊度起草，又怎能指望他們肩起拯危救亡的重任呢？

● 使團出行

明治政府曾派出使團考察西方國家，這是使團在橫濱港與歡送者告別的情景。站在汽船上的是使團的三位主要使節，從左至右依次是大久保利通、岩倉具視和木戶孝允。他們乘汽船正駛向停在遠處的明輪輪船，將跨洋越海，第一站先到美國。

◀◀ 此畫繼承了日本傳統的浮世繪技法，用筆精細，人物形體簡括；色彩分明，為表現海水以湛藍為基調，兼施其他顏色，畫面顯得單純、清雅。

日本在 1868 年推翻幕府建立新政權後，下一步應該做什麼，新政府的官員也心中無數。這時政府聘請的荷蘭顧問威爾貝克獻策：派遣政府高官去西方國家考察。這一建議得到了採納，另外，派使團還有要與西方國家修改不平等條約的目的。1871 年 11 月，日本政府派出以岩倉具視為正使的大型使團，人數多達百人。使團歷訪美、英、法、德等十多個國家，費時一年九個月。

起初進行修約談判處處碰壁，於是使節們把注意力更多轉向考察西方國家。他們親眼見識了西方國家的強盛，大開了眼界。通過實地考察，他們"目睹彼邦數百年來收穫蓄積之文明成果，粲然奪目，始驚、次醉、終狂"，已到目眩神迷的程度，思想上震動極大，也更加堅定了他們向西方學習的決心。

德國是帝制國家，與日本政治體制相仿，因而使團中重點研究憲政的木戶孝允對德國特別注意，斷言"尤當取者，當以普魯士（即德國）為第一"。在德國考察時，使團受到德國首相俾斯麥的接見。俾斯麥向他們講述了普魯士由弱國發展為德意志帝國的歷史，以此說明"方今世界各國，皆以親睦禮儀交往，然而皆屬表面現象，實際乃強弱相凌，大小相侮"。他這番公開提倡以強凌弱的講話給聽者留下了深刻的印象。使團成員對德國的軍備和軍事制度特別讚賞，木戶孝允評價"普魯士之軍事最為出色"，並且德國重視軍事教育，凡"國中之男子堪執兵器者，悉受兵卒之教練，至少使服一年常備軍役，全國皆受軍人之磨練"。他們還專門參觀了德國的克虜伯兵工廠，因為在普法戰爭中德軍用來打敗法軍的槍炮就是這家工廠生產的。

有此出洋的經歷和見識，對日本如何躋身強國之列就有了明確的目標，後來日本"文明開化"的巨變確實大大得益於這次考察，但同時日本後來屢屢對鄰邦表現出的以強凌弱的敗德也與這次考察多少有些關係。

文明開化

　　這些是明治維新期間迎合時尚身着西洋服飾的日本女子。這些女子往往是在大都市中得風氣之先的時髦女郎，她們或是受過西式教育的女學生，或是出入上流社會的貴婦人，也有追逐新潮的歌舞伎。從她們身上可以讓人感受到已臨日本的歐風美雨。

　　1868 年日本明治維新開始後，向西方學習的浪潮席捲全國，社會生活也隨之歐化，甚至達到矯枉過正的程度。當時的日本政府提出"脫亞入歐"的口號，提倡"文明開化"，認為一切都是洋的好。城市裡出現了不少歐式建築，最引人注目的是 1875 年建成的東京銀座大街。銀座街上兩邊砌有成排的歐式樓房，馬路邊排列着瓦斯路燈，還栽種了松樹、櫻花等各種道旁樹木，一派歐陸城市景觀。1883 年日本首相伊藤博文和外相井上馨下令，斥巨資請英國專家設計建造了一座豪華的西洋式迎賓館——"鹿鳴館"。官方各種社交活動都在這裡完全按照西方禮儀舉行，參加者穿西洋服、吃西洋餐、跳西洋舞，還經常舉辦假面舞會。他們兩人都不信基督教，但為了追逐洋風也常往教堂跑。

　　上行下效，在民間也出現了崇尚西洋生活方式的風氣。比如當時的日本人常說："那位先生最近一直打洋傘走路，真是太文明了。""穿着鞋子就進屋，真是文明得讓人受不了。"按日本的生活習慣進屋是要脫鞋的。還有人提出應該像歐洲人那樣多吃牛肉，使日本人像牛那樣有耐力。就像一本日本諧趣小說中描寫的那樣，有人為了標榜文明開化，特意到牛肉菜館吃飯。他們一邊吃牛肉火鍋，喝啤酒或白蘭地，一邊説帶有日本口音的生硬英語，以顯示自己的新潮。更有甚者，竟有人倡導日本男人與西洋女子結婚以改良人種。

　　當時西洋服裝也流行起來。1872 年政府發佈政令規定，今後禮服一律採用西服。不少日本時髦女郎競相脫掉和服，以穿洋服為榮。對西服，社會輿論形容為："奇哉妙哉，世上洋服。頭戴普魯士帽，腳登法蘭西鞋。衣袖英國海軍式，褲衩美國海軍式。婦女襯衫貼身穿，大漢斗篷過小腿。"時常能看到身着洋裝手捧洋書的女子在大街上走。

説起來歷史上常有各民族在服飾上互相影響的事，如在中國戰國時代，趙武靈王為了便於騎射，就改着西北遊牧民族的短裝，一時頗為流行，史稱"胡服騎射"。再如日本人穿着的和服式樣也深受中國唐代服裝的影響。另外也有被迫改變原有服式、接受統治民族服式的，比如清代漢族男子就曾"易服"為滿人的裝束——馬掛。日本男女着洋裝則是日本全面學習西方文明的具體表現，這一"易服"應是有積極意義的。

● 印度薩蒂陋俗

　　此畫描繪印度歷史上寡婦投火殉夫的場景。村裡人都簇擁在火堆旁圍觀，白煙繚繞，盛裝的寡婦端坐在焚燒丈夫遺體的柴堆上，等待着她人生的最後一刻。

◀◀ 19世紀英國人在印度根據親眼所見創作，彩色木刻。

　　在印度影響最大的陋俗是"薩蒂"習俗，即妻子喪偶後在丈夫遺體火葬時，要跳進熊熊烈火之中，與死去的丈夫一起化為灰燼。這時圍觀的人則向火堆雙手合十祈禱，投送鮮花，祝願死者夫婦雙雙升入"天堂"。這一習俗的形成與印度古代神話有關。印度史詩《羅摩衍那》中有這樣一段故事：古代英雄羅摩把妻子悉多從魔王手中救出後懷疑她的貞潔，悉多為了表白自己忠實於丈夫的心跡，毅然跳進火堆。後來天神把她托出火堆，並證明了她的貞潔。而現實生活中的"薩蒂"婦女卻沒有天神相助，只能成為封建貞操觀念的犧牲品。

　　有些寡婦願意選擇這種結局與她們的處境有關。按印度風俗，男人死後，他的遺孀是不許再婚的。她只能躲在一旁為死去的丈夫哭泣，摘去所有的飾品，淒涼無望地度過餘生。這樣的生活前景往往會使一個守寡的女人絕望，因此她寧願跳入葬禮上那堆熊熊燃燒的大火，陪伴丈夫一同前往"天國"。而那些沒有孩子的寡婦如果沒有勇氣自焚就會受到責備，說她們不愛自己的丈夫，她們將會在恥辱中度過餘生。在去自焚時寡婦的穿戴就像是去參加婚禮，在眾人的簇擁下走向柴堆。人們跳着、喊着、唱着，讚美這個不幸女人的榮耀。

　　這一陋俗慘無人道，自1829年以來印度政府曾多次明令禁止，並制訂法律規定協助寡婦自焚的行為即為謀殺。但政府的禁令遭到強烈反對，民間仍流行這種惡習，僅1918年加爾各答地區就有544個寡婦自焚。或許有些婦女是自願的，為了一個節婦的虛名而送死，但大多數都是被丈夫的親屬硬逼着跳進火堆的，有些甚至還戴着腳鐐手銬。據大文豪泰戈爾記載，印度教著名的改革家杜爾西達斯有一次看見一個婦女正準備跳進火堆，便苦口婆心用"潛修的經句"勸導她，花了一個多月時間才使她相信"丈夫永遠在我心中"而放棄了火焚殉夫的念頭。

俗話説："十里不同風，百里不同俗"，講的是社會習俗有不同民族、不同地域的差異。在此地人們司空見慣的風俗，在彼地就會被當作新奇的事。再説習俗又有"良俗"、"陋俗"之分，良俗是健康、實用、有益的，而陋俗則是愚昧、落後、野蠻的。舉例不避本國舊事，中國婦女裹了1,000多年的小腳也是地地道道的陋俗。

此畫作者是一不知名姓的越南民間藝術家，在繪畫技法上兼具傳統中國畫以及民間藝術的畫風，用的是散點透視，人物和景物描繪都不講比例關係，重在指形示意，與西方繪畫講究焦點透視近大遠小迥然有異。

法軍入侵越南

　　這幅歷史畫是本書中一幅與中國有密切關係的畫作，反映的是法國軍隊1884年在越南北部靠近中越邊境地方發動的一次攻城作戰。畫幅上方有四個漢字"興化陣圖"，作者意指他畫的是戰場交鋒的列陣圖。

　　興化是越南北方緊鄰中國邊境的一座小城，戰略地位重要，是法軍佔領越南全境進而北上侵略中國的必爭之地。中越兩國山川相連，唇齒相依，自古以來又有着藩屬關係，對法國侵略自然不能坐視不救。況且法國侵越對中國也是威脅。1882年4月，法軍到達河內附近，越南國王向中國告急求援："現在河內與海防兩處已為法人所佔，稅餉亦歸彼徵收。欲與彼戰，則力不足。務必憐恤藩封，設法拯救。"清政府也明確表示：兩國為兄弟之邦，弟有難，兄當救，此為天理也。於是清軍進入越南境內助戰。

　　在此之前越南境內已有一支非正規的中國軍隊，這就是劉永福統領的黑旗軍。黑旗軍原是在廣西活動的一支天地會反清武裝，作戰失利後流亡到中越邊境，得到越南國王准許在保勝（今老街）一帶聚眾耕牧。這支軍隊戰鬥力很強，曾多次重創法軍，劉永福也因此被越南國王授予"山西、興化、宣光副提督英勇將軍印"。說起來興化城是劉永福的轄地，不過到法軍1884年4月攻城時守軍已是越境作戰的清軍。讓人失望的是，法軍是兵不血刃進入興化城的。當時在前線主持戰事的清朝大員岑毓英主張不戰而退，他上奏朝廷："越事如將傾之大廈，斷非一木所能支，興化城無半月存糧，轉瞬江水漲發，煙瘴盛起，是時守既不能，退又不得，不如乘此全師撤回退守邊境，尚可保全精銳，再圖恢復。"不等朝廷回覆，他就下令撤退，將興化營盤城樓平毀。所以這幅圖上表現的對陣場面實際是不存在的。

　　看這幅畫另外給人留下深刻印象的是交戰雙方武器的差距之大。為進攻興化，法軍天上動用了氣球，用以偵察；地面士兵都配備了新式的後膛槍、線膛炮。而與之對陣的清軍雖已裝備了槍炮，但大多是落後的黑火藥兵器。黑旗軍曾三次打敗法軍，但每次都是發揮己長用冷兵器克敵制勝。即使是後來清軍老將馮子材取得的鎮南關大捷，在很大程度上也是靠將士的英勇以近距離肉搏取勝的。

光榮之路

此畫意在表現第一次世界大戰的巨大破壞性及其對人的生命的無情剝奪。畫作的標題《光榮之路》帶有反諷意味，體現出創作者的反戰傾向。人們在畫面上見到的是一場激戰後的戰場，滿目戰火荼毒後的廢墟，屢遭炮擊後的樹木已全無生機，兩名被打死的英軍士兵俯臥在地，鋼盔棄擲在一旁。看來這條"光榮之路"實際上是通向墳場的。

◄◄ 英國畫家克里斯托弗 • 尼維森所作。這幅油畫的寫實感極強，在再現戰場環境時描繪得極其細膩逼真，效果看起來如同照相。這樣就能產生強烈的視覺衝擊力，給觀者留下深刻的印象。

第一次世界大戰是歷史上一種可怕的戰爭模式。交戰雙方長時間採用塹壕戰，戰局雖然變化不大，但傷亡很大。在塹壕戰中，由於有了連續射擊的輕重機槍，再加上鐵絲網和新式火炮的使用，衝鋒已經非常危險。有人統計，在密集火力狙擊下，步兵一般向前衝六米就要被打倒。長長的陣亡士兵名單給死者的親屬帶來了巨大的痛苦。有一個在俄國的英國記者生動地描述了俄國婦女在首都彼得堡查閱陣亡名單時的情形："大群婦女每天聚集於此查看這些名單，進進出出的人們滿面焦慮之色，讓人看了十分痛心。頭裹圍巾的農婦與坐馬車趕來的姐妹們匯聚在一起。當她們走進去時，每一雙急得冒火的眼睛裡都帶着巨大的問號，當她們走出來時，答案就不言自明了。"

在戰爭中雙方都最大限度地使用火器殺傷對方，使傷亡達到了難以忍受的程度。比如1916年在法國進行的凡爾登戰役就是一場空前的大屠殺。一場戰鬥後往往會出現這樣的情形，"起初，偶爾有一個連僅剩下殘缺不全的骨架回來，領頭軍官已受傷，拄着一根棍子。所有人都一小步一小步走着或者不如說是向前捱着。"6月7日，德軍拿下沃克斯堡，但100名守軍的拚死抵抗就讓德軍傷亡了近3,000人。英軍為減輕法軍的壓力向索姆河發動了進攻，所用火力是前所未有的。在步兵衝鋒前一小時內，英軍炮兵發射了25萬發炮彈。但當英軍向前推進時仍然傷亡慘重。在一天中英軍就陣亡1,000多軍官、兩萬多士兵，創造了這次大戰中的一項最高紀錄，其中一挺德軍機槍一下子就打死了159名英軍士兵。對如此慘烈的戰事士兵中厭戰情緒相當普遍。有一個英國兵在索姆河前線被打死前給國內刊物寫文章抱怨："當遠離死亡時，人們會輕鬆地談論榮譽和英雄主義，但在這裡，面對四肢不全的死者，人們只會感覺到戰爭的恐怖和邪惡。戰爭播種的是驕傲自大和對權力的貪求，收穫的是邪惡。"

● 巴黎和會

　　巴黎和會上，各國代表6月28日在和約上簽字的情景。地點就在巴黎凡爾賽宮的鏡廳，簽字桌是一張巨大的桃木桌子。頭髮金黃彎腰站在桌前的是德國新任外交部長繆勒，他正故作鎮定地代表德國簽字。

◄◄ 這是德國畫家威廉●奧芬所畫的水彩畫。

　　巴黎和會是在第一次世界大戰後為處置戰敗國而召開的。它操縱在五個戰勝國的手中。從畫中看：正中蓄鬚老者是東道主法國總理克里孟梭，此公頭髮斑白，生性好鬥，綽號"老虎"；坐在他右側的是美國總統威爾遜，他懷揣《十四點和平條款》來參加和會；在克里孟梭左側的是英國首相勞合●喬治，他一副紳士派頭，但不拘細行，私生活不檢點；在勞合●喬治身邊的是意大利總理奧蘭多，因為意大利在大戰中的糟糕戰績，他來到巴黎只受到冷清的歡迎；在威爾遜身邊的是日本首席代表西園寺公望侯爵，他表面看起來溫文爾雅、彬彬有禮，但內心盤算的是如何把德國在中國山東的租借地轉讓給日本。重要的事都由這五人決定，實際在和會上真正主事的還是英、美、法三大國。意大利在這一核心圈子裡只是配角，奧蘭多有一次因意大利得不到海邊的阜姆城退出會議，但見無人挽留又不請自回。

　　這是一次貨真價實由大國操縱戰敗國以及世界命運的國際會議。本來耽於理想的威爾遜打算讓協約國中所有國家參與討論，但克里孟梭作為和會主席堅決反對，他表示不能容忍有關法國的利益要去徵詢古巴或洪都拉斯這些小國的意見。於是和會規定像中國、比利時這樣"享有局部利益"的戰勝國，只能出席討論與它們有關問題的會議。即便如此，當小國代表發言時，克里孟梭還經常佯裝打瞌睡，或是向發言人投去一道讓人不知所措的嚴峻目光。就是在"三巨頭"中也因利益不同矛盾重重。克里孟梭對威爾遜總是沉湎於理想大為不滿，忿忿地說："我竟碰上了這麼一位獨一無二、自以為是自耶穌基督以來最懂得和平的人！"有一次為瓜分土耳其在西亞的屬地，克里孟梭大罵勞合●喬治，勞合●喬治抓住他的衣領要他道歉，克里孟梭則話中有話地說："等你不再去巴比松過夜的時候我再向你道歉。"外界傳聞勞合●喬治以前在巴比松曾有過豔遇。

　　在這幅畫表現的歷史場景中是見不到中國人的，中國因和會堅持把德國在中國山東的租借地讓予日本而拒絕簽字。為這一問題在此之前中國國內曾爆發了聲勢浩大的五四運動，這對促使中國代表團態度轉趨強硬起了關鍵作用。

● 處決末代沙皇

　　該畫描繪了處決末代沙皇全家的恐怖場面。行刑隊拔出手槍射擊，在前排沙皇已經中彈，被後仰的皇子抱着倒向地面。站在他們身邊的男子是宮廷御醫，他驚訝地看着這突如其來的一切。皇后在地上作垂死的掙扎。倚牆而立驚恐不安的幾個姑娘是公主，她們默然地等待對自己致命的一擊。

◀◀ 後人根據當事人敘述加上自己想像的產物。

　　末代沙皇是個性格懦弱的人，在他身後實際操縱龐大帝俄航船舵盤的人常常是他娶自德國的皇后，而長時間內在宮廷中更有影響的人卻是妖僧（傳教士）拉斯普廷。由此可見沙俄末世政治上的黑暗。而真正敲響沙皇政權喪鐘的事件是由第一次世界大戰引發的革命。

　　1917 年 3 月，在俄國二月革命的衝擊下，沙皇尼古拉二世被迫退位。很快他就與家人一起成了新的臨時政府的囚犯，被關押在首都彼得堡郊區的皇村，不久他全家又被轉移到西伯利亞的托伯爾斯克城。後來俄國又爆發十月革命，建立了蘇維埃政權。不久當地蘇維埃政府得到情報，保皇派計劃在開春河流解凍時營救沙皇。於是沙皇全家在 1918 年 4 月被押送到不靠近河流的葉卡婕琳堡。

　　在新的拘留地，雖然行動受到限制，沙皇全家日子還算過得去。尼古拉二世時常幹他喜愛的事——鋸木頭。四個女兒要做些家務，烤他們吃的麵包和洗衣服，皇后以做針線活打發時光。然而這表面平靜的生活背後卻掩蓋着

一系列陰謀：暗藏在城內外的保皇派正在積極活動，企圖組織暴亂，救出沙皇。

　　就在白衛軍到達城郊，一個營救沙皇的陰謀準備付諸實施時，當地蘇維埃政府決定立即處死沙皇全家。烏拉爾州蘇維埃執委會開會通過了不經審判處決沙皇全家的決定，同時指定由警衛隊長尤羅夫斯基負責執行。7 月 29 日深夜，警衛隊長帶了一批武裝的工人來到沙皇住處，告訴他們要換個地方住（還有一種說法是通知他們要到地下室去拍照）。於是尼古拉二世一家七口人和四名親信被帶入作為儲藏間的地下室。沙皇走在最前面，手中抱着皇子。在地下室裡警衛隊長讓人拿來三張椅子，沙皇夫婦和皇子坐下，其他人站着。這時警衛隊長從口袋裡拿出一份文件，向他們宣讀了州蘇維埃處決他們全家的決定，隨後就響起了槍聲。然後工人們將他們的屍體在一片荒地中火化，骨灰和遺物都沉入泥潭中。

列寧和高爾基在卡普里島

1910年列寧去意大利的卡普里島看望在那裡暫住的俄國作家高爾基的情景。列寧處在畫面的中心位置，在向漁民宣傳革命道理。漁民們聚精會神地聽着，坐在一旁的高爾基也深受教育。

◀◀ 這是前蘇聯20世紀30年代創作的一幅有濃重政治色彩的畫作，作者是前蘇聯畫家納爾班吉揚。此人當時雖年輕卻極受官方倚重，主要創作有重大政治意義的歷史畫和宣傳畫，具體任務由宣傳部門下達。

高爾基在流亡期間曾在意大利的卡普里島住了七年。他雖是為窮苦無着者寫作的作家，但在這裡過的卻是有產者的生活。他能定期收到版稅以維持富足的生活。他住的別墅四周有花園，從別墅中可以遠眺海景，望得見遠處冒煙的維蘇威火山。有人稱卡普里島是高爾基的"鍍金籠子"。列寧很欣賞高爾基的文學才華，曾兩次上島去看望他。畫上表現的是他們在島上的第二次見面，這次高爾基對列寧講述了他童年的生活，列寧建議他寫成小說。這就是後來成為高爾基著名三部曲自傳體小說的作品。通過這次長談兩人間建立了深厚的私人友誼。

儘管私交甚篤，但他們之間在看法上還是有不少分歧。列寧後來寫道："我曾有機會在卡普里島上與高爾基晤，曾警告過他和責備他的政治錯誤。對這些責備高爾基報以特有的、和藹的微笑並直率地說：'我知道，我不是一個好馬克思主義者。其次，我們，這些藝術家，都是多少易於激動的人。'"在俄國十月革命成功後，高爾基一度忙着為被捕的文化人說情。列寧很不高興，寫信責備他："您聽見並傾聽幾百名知識分子哭訴他們被可怕地關押了幾個星期，但是，您沒有聽見民眾的聲音。"有一次他們見面時列寧說得更明白："您還要什麼？在這場空前殘酷的鬥爭中能講人道嗎？哪有同情心和寬容的位置？"後來列寧遇刺受傷，高爾基去克里姆林宮看望列寧，並向列寧認錯。列寧友好地與他重敘昔日舊誼，希望他勸說知識分子支持蘇維埃政權。他們在卡普里島建立的友誼始終不渝地保持着。

列寧確實曾上島看望過高爾基，也曾去海邊、山坡與高爾基傾心交談，甚至還在高爾基的陪同下去附近的龐貝古城和維蘇威火山遊玩，但兩人是否去漁村作宣傳就難以作實了。

● 共產國際"二大"召開

　　畫面上描繪了在廣場上歡聚的人群，主要是紅軍戰士和工農勞動者。他們臉上都洋溢着欣喜的笑容，如同在歡慶節日一般。廣場上紅旗招展，遠處豎立着宣傳牌，一切景物都為了襯托其濃烈的政治內容。

◀◀ 這幅歷史畫實際上屬於產生在這片紅色土地上的新型畫種：政治宣傳畫。它是由蘇俄（當時前蘇聯尚未成立）畫家鮑里斯●拉斯托傑夫1920年創作的，是為即將召開的共產國際第二次代表大會做宣傳製造聲勢的。這幅宣傳畫色調明快，底色以紅色為主，視覺效果飽滿朗潤，以求取得預想的宣傳效果。

　　共產國際又稱第三國際，是由各國共產黨組成的一個國際組織，對各國革命負有組織和領導之責。1919年召開的"一大"只是宣告了共產國際的成立，而一些具體任務和原則要在"二大"上制訂。"二大"是在蘇俄紅軍向華沙進軍的號角聲中召開的，會議先在彼得格勒後轉到莫斯科舉行。當時會場上懸掛着一幅大地圖，每天早晨代表們都關心地站在地圖前，觀看上面標出的紅軍進軍路線。所有代表都樂觀地認為，世界革命將在最短時間裡獲得成功。就是在這種樂觀的氣氛中，會議上通過的文件都是為了奪取政權而制訂的。總之形勢是一派大好，按當時擔任共產國際主席的季諾維也夫的說法是：戰鬥的鐘聲已敲響，我們將舉起刀槍衝擊資產階級。所以雖然蘇維埃政權剛剛建立沒有幾年，國內局勢很不穩定，經濟上也困難重重，按照當時在蘇俄居住的瞿秋白的說法還是"餓鄉"，在這幅宣傳畫中卻渲染出一種喜慶、熱烈的氣氛。不幸的是，不久紅軍就在華沙城下戰敗，波蘭臨時革命委員會解散，歐洲革命又處於低潮。大家這才如夢初醒，頭腦冷靜了下來。

　　共產國際作為一個國際組織，從表面看有着廣泛的國際性。長時間擔任共產國際總書記的季米特洛夫是保加利亞人，被派來中國的重要共產國際代表馬林是荷蘭人，羅易是印度人，而一度執掌中國工農紅軍指揮大權的軍事代表李德則是德國人，不過實際決策的一直是蘇俄領導人，有時共產國際甚至變成了蘇俄黨的對外聯絡部。這也就自然使它對各國革命的指導會有不切實際的地方。

到1943年解散共產國際總共存在了24年，平心而論它既有大功也有奇過，既推動過各國的革命運動，在世界範圍內幫助各國共產黨建立，但也曾給許多國家的革命事業造成了一些難以彌補的損失。為了各國革命獨立自主的發展，共產國際的最終解散就是順理成章、不可避免的了。

印度王公覲見英王

這是英國國王接見印度王公的情景。在這幅油畫上，來自各土邦的王公正列隊依次等待覲見英王。這些王公都是自己所在邦國的土皇帝，在內政上享有自主權。他們與英國王室關係密切。英王去印度訪問的機會不多，但作為王位繼承人有"威爾士親王"封號的王子則是常去印度，與王公貴族們相互往還，聯絡感情。

◄◄ 英國畫家哈里斯所繪。這是反映英帝國聲勢尚盛時的畫作，畫面上的覲見儀式隆重鋪張，在英帝國已解體的今天看來恍若隔夜舊夢。

在原先英帝國屬下的眾多殖民地中，印度是其中最大的一塊，地位非常重要，有英國"皇冠上的寶石"的美譽。英國王室歷來都表現出與印度有着特殊的關係，在名義上英王還兼任印度皇帝，而英國派駐印度的總督同時也是代表英王行使統治權的副王。

這種特殊關係最先是由維多利亞女王開的頭。她一生沒有踏上過印度的土地，但流露出的印度情結卻最為濃郁。1876年她加冕為印度女皇，並在第二年元旦由駐印總督在印度為她舉行了朝賀典禮，向土邦王公們宣佈了這一稱號。維多利亞女王晚年身邊的僕人大多是一些印度人，而且還都是男僕。她還僱了一個印度人教她印地語，儘管她沒學會這種語言，但在接見印度王公時用印地語說上幾句問候語氣氛就會好得多。在由女王夫君主持的1851年倫敦大博覽會上，印度館最為引人注目，裡面滿是珍奇寶物。在中心位置上有一個披着絲綢的大象標本，象背上是一頂象牙製成的象轎。維多利亞女王對印度館的展品讚賞備至。

繼維多利亞女王之後登上王位的是愛德華七世。他早在1875年還是王子時就訪問過印度，去各土邦拜訪，在王公們的陪同下坐在象轎裡獵虎。王公們儘量用帶地方特色的遊樂活動來取悅英國王室成員。

1911年，英國有了一個新國王喬治五世，他想出一個別出心裁的加冕方式，去印度讓自己既作為英國國王又作為印度皇帝在那裡加冕。但他遇到一個程式上的難題，英國法律規定王冠不能離開英格蘭。這時印度王公們提議由他們出錢為新君王做一頂王冠。11月12日，喬治五世和瑪麗王后在德里舉行了加冕典禮，有十萬印度人出席。在典禮上，喬治五世接見了132位王公，並當眾宣佈把首都從加爾各答遷往德里。

無家可歸的美國人

　　這幅畫反映了20世紀30年代眾多無家可歸者的生活狀況。畫面上一片蕭瑟的景象，在皚皚白雪中無家可歸者圍攏點燃的垃圾，烤火取暖驅除寒意，或煮點熱湯藉以療饑。從畫中有些人的穿着來看，他們以前的景況可能還是不錯的，曾經過着體面的生活。他們是在經濟危機中沉淪的新窮人。

　　俗話説"皇帝也有三家窮親戚"，號稱世界首富的美國國內也有不少窮人。美國的窮人有許多又被稱為"無家可歸者"，這些人居無定所，隨處流浪，在棄宅、席棚、廢車甚至是露天的街角、公園棲身過夜。這大概是美國社會的特色之一。在20世紀大部分時間美國的經濟狀況都不錯，但1929至1933年除外。在這段時間席捲世界的經濟大危機使美國陷入困境。

　　1929年10月24日，美國紐約的證券交易所突然崩盤，以前是財富象徵的股票大掉身價。有位富商一夜之間家財蕩盡，第二天他就對人介紹自己是"前百萬富翁"。到1932年，全國已有5,000多家銀行倒閉，八萬多家商號停業，眾多著名大公司和大企業消失。商品沒有銷路，農場主把大片的成熟麥穗付之一炬，把奶牛拋入密西西比河。煤礦工人眼看着成堆的煤炭捱冷受凍，他們的孩子靠吃野菜過活。有一位作家無可奈何地説："我們似乎就像愛麗絲一樣，跨進一面經濟大鏡子，來到一個樣樣東西都在萎縮的世界。債券、股票、商品、就業——統統都縮小了。"美國總統胡佛對此束手無策。

　　經濟大危機使美國本來就有的無家可歸者激增至幾百萬人，他們的景況更加淒慘。冬夜苦寒，垃圾焚化場上有些餘溫，流浪者就靠近它取暖。有人這樣描述他們的苦狀："他們在沒有暖氣的公寓樓裡，在充溢着汗臭和來蘇兒氣味的小客棧裡，在公園裡，在空貨車車廂裡，在疾風勁吹的河岸邊，嚴寒真是刺骨。失業的人們無錢租房子，紛紛攜家帶口不管找到什麼空地，便在那裡搭起棚屋。鐵路兩邊，路堤沿線，靠近垃圾焚化爐邊，在市郊垃圾場上，出現了許多小村鎮，人們住在柏油紙和薄鐵皮舊包裝箱和廢舊汽車殼裡。這些聚居區作為'新時代'的象徵，得到一個大有諷刺意味的名稱：胡佛村。"胡佛的名字還與不少同類的東西連在一起：窮人手裡提的裝破爛的口袋叫"胡佛袋"，在公園長櫈上過夜裹身用的舊報紙叫"胡佛毯子"。

　　就是在這樣絕望、哀惋的氣氛中，羅斯福代替胡佛出任總統，推行"新政"，使美國走出了危機。

▲　　這幅題為"礦工之家"的油畫是德國畫家魯道夫·奧托創作的，在最後一屆"大德意志藝術展覽會"上獲金獎。這幅納粹藝術的代表作畫風是希特勒喜愛的現實主義寫實手法，並帶有社會風俗畫的特徵。

礦工之家

該畫突出地體現了希特勒和納粹德國的藝術理念，在題材上表現普通勞動者礦工的家庭：一對夫婦和他們生育的十個子女。他們雖然生活簡樸，卻有着濃郁熱烈的家庭氛圍。身體強壯的父親是力量的象徵，是大自然的征服者；身體健康的母親是成熟生命的化身，是大自然本身。

納粹德國罪魁希特勒說起來也可算是個藝術愛好者，年輕時他曾去報考過藝術學院，但因素描基礎差未被錄取，但他以後一直自認為是懂藝術的行家。第三帝國建立後他很注重用藝術手段宣傳納粹主義的政治理念，手段之一就是舉辦由官方控制的"大德意志藝術展覽會"。

第一屆"大德意志藝術展覽會"是1937年在納粹黨的發跡之地慕尼黑舉辦的，以後年年舉辦，直到1944年夏的最後一屆。最後一屆展覽會開幕時，德國的戰事已相當不利，慕尼黑常遭空襲，但展覽會照常舉行。在一年一度的展覽會上，希特勒幾乎每次都要參加開幕式，發表演講，表述他的藝術觀點和第三帝國的文藝政策。在挑選第一屆展覽會展品時，希特勒親自審查，說其中的80幅抽象派藝術作品是"未完成的"，當然這些畫作就被棄如敝屣。

1937年參觀展覽會的觀眾有六萬人，這在當時是空前的數位。1942年參觀展覽的人數接近100萬。納粹宣傳部長戈培爾對此激動地說："過去藝術展覽會只是同藝術家本人至多是同愛好藝術的少數人有關，而這個展覽會卻成了全民關心的事。人們懷着興奮的心情，有一種真正的幸福感。這是因為經過了許多歲月德國藝術又終於重新找回了自我。"戈培爾對德國藝術家曾有這樣一段故作多情的評論："今天的德國藝術家比過去任何時候都要自由得多，無拘束得多。國家社會主義已經完全得到了他們的衷心擁護。他們是我們的人，恰如我們是他們的人。"

在繪畫題材上，希特勒主張多反映勞動中的普通德國人形象以及鄉村生活。他要求藝術家從所謂"孤立的自我"中走出來，走到"德國人民"中間去。而現代派的抽象藝術則被他譴責為腐朽藝術，是"藝術的口吃"。他在藝術趣味方面提倡的是現實主義的風俗畫。他對繪畫中的人物形象也有自己的看法："男子的形象必須精確體現男性的最大力度，描繪按他的本性所要求的體型，這無疑是正確的；而女子的形象則必須突出生命的成熟，使其母親的形象光彩奪目，因為她的最高目的是做母親。"

● 英倫空戰

在這幅有關英倫空戰的畫作中，畫面不是正面表現在英國上空展開的激烈空戰，而是選取了在倫敦城遭德國飛機空襲後消防隊員奮力滅火的場面，以此反映英國人民與法西斯抗爭的不屈精神。

◀◀ 這幅畫與以前歷史畫中盛行的古典主義畫風不同，在畫面上塗繪了大筆觸的混合色彩，配上濃烈的輪廓線，人物和景物造型比較模糊，有一種如同雕塑般的視覺效果。畫面一邊是建築物上火焰沖天，另一邊是消防隊員在噴水壓火，動感強烈，讓觀者有身臨其境的感覺。平心而論，其宣傳效果要遠勝於現場抓拍的紀實照片。

英倫空戰指的是從 1940 年 8 月開始的德軍為入侵英國，企圖首先消滅英國皇家空軍的決戰。為引出皇家空軍，德國空軍起先採用的戰術是無休止地轟炸英國軍事目標。希特勒希望先摧毀皇家空軍，在英國失去防空能力的情況下入侵英國本土。不久空戰轉為攻擊英國首都倫敦和其他城市的襲城戰。倫敦市民承受住了這一空前的災難。有人這樣描述他們："儘管起先他們被嚇得雙膝顫抖，儘管他們眼中充滿恐懼、目光獃滯，但他們依然插科打諢開玩笑，從日落時分長長的警報拉響一直到傍晚，直到他們藉助燈光看到他們所熟悉的東西被炸毀時為止。"希特勒以為英國人經受不住這樣的考驗，在 1 月 14 日就對人說："讓我們走着瞧，倫敦在兩三個月後會是什麼樣子。如果我不能侵入英國領土，至少我能毀掉他們所有的工業。"第二天晚上，德國轟炸機就在倫敦造成了 900 處大火。以後對倫敦的空襲炸毀了許多著名建築和教堂，包括舉世聞名的聖保羅大教堂。在 11 月空襲英國工業城市考文垂時，全城大多數房屋被毀。

在倫敦遭到轟炸時，負責消防的官員發現滅火是件不容易的事。有時有消防車卻難找到水源，要去找還沒被炸斷的輸水管；有時大家熱得受不了，只好把水澆在身上。有一段時間倫敦起火的面積大約是 1666 年倫敦大火吞噬面積的一倍半，當年這樣的火災就使倫敦全城被付之一炬。在倫敦碼頭遭到轟炸時，很快就響起了消防警笛聲，來自附近各城市的一輛輛消防車風馳電掣般趕來滅火。倫敦人不但撲滅了大火，還以昂揚的鬥志和樂觀的情緒迎接挑戰。有時他們還見縫插針，就地在廢墟中清出一塊地方舉行露天音樂會。就這樣，在滿是瓦礫的城市中大家仍有條不紊地忙碌着。希特勒最終沒有達到目的，他既沒能消滅英國空軍，也沒能摧毀英國工業，不得不放棄了入侵英國的計劃。

摧毀卡西諾修道院

這是第二次世界大戰後期一場激戰的犧牲品：卡西諾修道院。在畫中我們看到卡西諾修道院已成為廢墟，原先茂密的樹林只剩下幾根光禿禿的樹幹，滿目瘡痍。天空中有幾架盟軍飛機掠過，修道院廢墟正是它們轟炸後的產物。

◄◄ 這幅水彩畫由英國畫家朱利葉斯 • 斯特拉福 • 貝克所繪，是他在戰場上寫生的作品。

卡西諾修道院是全歐洲最有名的修道院，位於意大利中部，西元 529 年建於卡西諾山頂古羅馬神廟舊址之上，由天主教修會本篤會的創建者本尼迪克主持建造。這座修道院是本篤會的誕生地，裡面藏有大量珍貴文物，其中既有價值很高的古代名畫，也有西塞羅、奧維德等古希臘羅馬作家的手跡文稿。在歷史上這座修道院曾兩次被毀，一次被入侵的軍隊毀壞，另一次毀於地震。但每次被毀後修士們都努力重建它，使它更加雄偉壯觀，如同神話中的鳳凰涅槃一般。在二戰中被毀的修道院是 17 世紀能工巧匠留下的巴洛克風格建築。

歷史文化遺跡本是全人類共同所有，有何必要一定要毀壞它呢？究其原因是出於盟軍的錯誤判斷。

1944 年初，在西西里島登陸後向羅馬挺進的盟軍發現，他們前進的道路被一座叫卡西諾的山丘擋住。德軍以卡西諾山為中心建立了一道防線，據險固守，在山頂上雄偉的修道院居高臨下，橫亙在英美盟軍面前。盟軍司令官英國的亞歷山大將軍懷疑德軍會利用修道院作

工事，但他的判斷是錯誤的，實際上德軍只是在附近山脊上構築了防禦工事，修道院是不設防的。2 月，亞歷山大不顧眾人反對，下令摧毀修道院。在一天中 230 多架轟炸機向修道院投下幾百噸炸彈，美軍大炮也配合輪番炮擊。建築坍塌，修道院籠罩在硝煙灰燼之中。在少數留守的修士撤出後，德軍傘兵進入修道院，將地下室變為戰壕，一直堅守到 5 月 18 日。這些傘兵守得非常頑強，在炸塌的亂石堆中節節抵抗，使盟軍傷亡慘重。

盟軍對卡西諾修道院的破壞給納粹德國提供了難得的口實。飛機一轟炸，納粹宣傳機器就宣稱："這座修道院已經被野蠻人摧毀了幾次。今天這些野蠻人叫做英國人和美國人，他們的意圖就是要消滅優越的歐洲文明。"戰後，英國、美國一直堅持認為摧毀卡西諾修道院是正確的，是戰時難以避免的事。但到 1969 年，美國官方的觀點有了變化，軍方開始承認：修道院當時並沒被德軍佔領，摧毀它是不必要的。但卡西諾修道院已成廢墟，修復它花費了將近 40 年時間。

▲　這幅畫的作者吉布尼曾在美國海軍服役，親身經歷了這種被日軍吹噓為"一機屠一艦"的作戰，畫中的場面來自讓他心悸的回憶。

● 日本神風

　　這幅歷史畫描繪的是日本神風飛機撞擊美國軍艦的一瞬間，甲板上的水兵對這從天而降的災難頓感措手不及。

　　日本在太平洋戰爭中採用了一種非常規作戰方式，這種戰法是用飛機裝上炸彈去撞擊美國軍艦，最早是由日本海軍航空隊的大西中將提出的，並將從事這種作戰的部隊稱為"神風特別攻擊隊"。"神風"的説法還有個典故，在古代日本有一次遭到中國元朝水師入侵，正當元水師要登陸時，一股突如其來的颶風把水師艦船吹得七零八落，在海岸迎戰的日本武士驚呼其為"神風"。將這個稱呼古為今用，大西希望神風飛機也能發揮神奇的功效。神風飛行員不帶降落傘，起飛後飛機起落架自行脱落，連人帶機成為"肉彈"。

　　在美軍進攻沖繩時，日軍大規模使用了這種一去不歸的特攻作戰。日軍飛行員真以為這樣就能使日本轉敗為勝。藤井源因為有家室沒有被批准參加神風攻擊隊，他的妻子為了讓他能參加，居然帶着三個女兒投河自盡。從1945年4月6日開始，日軍開始了特攻進攻。在兩天的作戰中，沖繩島海空艦船殘骸紛揚，血肉橫飛，幾十艘美艦慘遭撞擊。當然在海空激戰中，幾百架日機也粉身碎骨。日本自殺飛機的攻勢規模宏大，來勢兇猛，破壞嚴重，使參戰的美軍深感驚恐。面對抱着必死決心的日軍飛行員，眼看着一架架飛機撞來，美國軍艦

上的水兵神經緊張得受不了。在以後的特攻中，日軍還動用了新式自殺飛機"櫻花彈"。"櫻花彈"實際是一種用三支火箭推進的單程滑翔機，看起來像裝了飛翅的魚雷，由人操縱駕駛，帶着炸藥高速向軍艦俯衝。美國兵給這種自殺武器起了個綽號叫"八格彈"（意為"蠢彈"），因為這種有人駕駛的飛彈速度快，體積小，一旦對準目標撞去就很難將其擊落。

　　4月12日，從美國國內傳來羅斯福總統去世的消息。日軍大本營感到有機可乘，又發動了特攻作戰。一時間不顧死活的自殺飛機、高速飛行的"櫻花彈"、原始笨拙的木製飛機，在遼闊的沖繩海域交替攻擊。直到日軍在十次特攻中用盡了準備好的2,000多架飛機，這種自殺式攻擊行動才告停止。當時在美國水兵中傳說，這些來拚命的日本飛行員事先都服過特殊的迷幻藥。

美國女學者本尼迪克在論述日本文化時，曾精闢地用一個字來評價人類幾大文明的特徵。她認為，基督教文明是"罪"感文化，佛教文明是"苦"感文化，而日本文明則是"恥"感文化。確實，日本傳統的"武士道"強調武士要"武勇"，以殺伐為"榮"；如有羞恥之事，武士必須勇於拔刀切腹自殺，視自己的生命為草芥。這一重"恥"輕生的特點，最充分地表現在這種非常規作戰方式上。

● 勝利

　　畫面表現的是1945年第二次世界大戰末，進攻柏林的前蘇聯紅軍攻下德國國會大廈的情景。他們站在這幢大樓門前的臺階上，揮臂舉槍歡慶這來之不易的勝利。這時空中還瀰漫着戰火硝煙，在國會大廈巨大列柱的映襯下他們更顯得戰功卓越。對他們來說，這是他們參加這場戰爭的最後一戰。

◄◄ 前蘇聯畫家克為弗戈夫在1948年創作。這幅畫作與前蘇聯其他現代寫實主義繪畫作品一樣，主題都是要達到某種歌頌或揭露的目的。這些前蘇聯畫家都有扎實的繪畫基本功，素描功底深厚，構圖準確穩實。

　　國會大廈是納粹德國統治的象徵，1933年納粹黨正是藉口"國會大廈縱火案"嫁禍於德國共產黨而在國內實行黨禁的。柏林之戰時，德軍城防部隊在大廈裡駐有重兵，1,000多納粹黨徒堅守大樓。攻佔大廈的戰鬥十分激烈，而攻佔這座建築政治上的象徵意義則更引人注目。後來，最先攻入大樓把紅旗插上樓頂的紅軍戰士得到重獎，獲得"蘇聯英雄"稱號。

　　說起來，與在上一次世界大戰中實力猶存不同，德國在二戰中是被徹底打敗了，輸光了最後一點家當。到1945年春，納粹德國控制的地盤已經越來越小，東西兩條盟軍戰線日益迫近柏林。有個希特勒手下的參謀軍官曾講了一個笑話："柏林作為我們的指揮部是最實用的，我們很快就可以乘電車從東部到西部前線。"說明第三帝國只剩下不大的一點殘山剩水了。儘管必敗無疑，希特勒仍親自困守柏林，指揮德軍負隅頑抗到最後。臨時拼湊起來的幾十萬德軍在柏林城裡確實是拚到了最後一

刻。他們先是寄希望於德國研製的新式武器能改變戰局，後又指望將要會師的盟軍會反目為仇，結果是毫無希望地殉葬在城裡，他們送命的代價只是把柏林變得更加殘破。

　　蘇軍在進攻柏林前發佈了《告將士書》，其中寫道："清算希特勒歐軍在我國土地上犯下的滔天罪行，懲罰罪犯的時刻已經來到。我們用我們的血汗和戰鬥榮光贏得了攻打柏林，首先進入柏林，首先向德國侵略者宣讀我國人民的嚴厲判決的權利……向柏林前進！"4月蘇軍發動對柏林的總攻。在紅軍佔領了市中心的波茨坦廣場，離總理府僅隔一條街時，希特勒與情婦雙雙在地下堡壘裡自殺。也就在這一天，紅旗飄揚在國會大廈上空。雖然德國正式投降還要再拖幾天延至5月9日，但在作為柏林標誌的國會大廈被攻下時，納粹德國覆滅的命運已經決定了。